カスタマーサクセスとは何か

日本企業にこそ必要な「これからの顧客との付き合い方」

CUSTOMER SUCCESS
THE KEY TO SURVIVE FOR JAPAN

弘子ラザヴィ
HIROKO RAZAVI

英治出版

はじめに

「カスタマーサクセスって、いったい何ですか？」と最近よく質問されるようになった。日本では昨年、２０１８年頃から職場での会話やＳＮＳの投稿などで「カスタマーサクセス」という言葉を見聞きする人が増えているようだ。耳慣れないカタカナ言葉にもかかわらず、「なぜ大事なんだろう」と関心を寄せる人が増えるのは素晴らしいことだ。質問されると嬉しく思う反面、少し残念に思うのは、カスタマーサクセスの勉強会にいざ参加したら違和感を覚えてしまったとか、余計に混乱してしまったと聞く時だ。その理由は、参加した勉強会の議論がカスタマーサクセスの細かな方法論に終始し、一番知りたいカスタマーサクセスの本質や重要なポイントが分からないまま終わるためだ。

本書は「カスタマーサクセスとは何か？」について、初めてその言葉を耳にする人でも分かるように、その本質や重要なポイントを伝える本である。冒頭の質問をはじめ、多くの日本人が抱くだろう質問・疑問へ分かりやすく答えたい、と思って筆者は本書を執筆した。

筆者とカスタマーサクセス

筆者がカスタマーサクセスと出会ったのは、スタンフォード経営大学院の起業家養成プログラム「イグナイト（Ignite）」に参加するため米国シリコンバレーにいたときだ。出会ってすぐ、デジタル時代を生き抜く日本企業にとって非常に重要な概念だと直感し、「日本でお世話になった皆さんへ今すぐ伝えたい」と強く思ったのを覚えている。

日本に戻って周囲と話すにつれ、今度は危機感が生まれた。当時は、関心を寄せるどころか耳慣れないカタカナ言葉に強い拒否反応を示す人も少なくなかったからだ。一方の米国では、急成長中の企業を中心にカスタマーサクセスの理論と実践がますます深まっていた。その彼我の差に、「このままでは日本は世界から取り残されてしまう」と危機感がつのった。その強烈な危機感が、筆者が日本でカスタマーサクセスという新分野の創出に取り組む覚悟を決めた理由だ。

筆者は２０１８年、カスタマーサクセスのプラットフォームの世界トップブランドをもつゲインサイト（Gainsight）社が主催する、世界最大のカスタマーサクセスカンファレンス「パルス[*1]（Pulse）」に日本人として初めて登壇した。また同社が運営する地域単位の学習コミュニティ「パルスローカル[*2]（PulseLocal）」の東京支部長も務めている。

欧米のカスタマーサクセス界で活躍する企業やリーダーは、カスタマーサクセスに関する独自の知見をブログ記事や動画やポッドキャストなどで積極的に発信する。筆者はそう

＊1 https://www.gainsight.com/pulse/

*2 https://www.gainsight.com/pulse/local/

したコンテンツの中から日本企業に役立つものを選びだして翻訳し、自社サイト「Success Japan」*3で紹介する許可を直接皆さんからいただき、日本に紹介している。

欧米のカスタマーサクセスリーダーは未知のことや新しいことが好きだ。筆者と会話することで日本への関心が高まり、一緒に何かしようと提案してくださる方も多い。本書の第3章内の「世界から見た日本」で紹介する、ザ・サクセス・リーグ（The Success League）社と協働で実施したグローバル調査はその一例だ。

筆者は、カスタマーサクセスに出会う前は、日本で経営コンサルティングの仕事に十数年携わった。有難いことに、日本を代表する経営者の方々と近しく議論する機会にも恵まれた。そうした経験をもつ筆者は、日本企業の経営課題を理解し、彼らが親しむビジネス言語や論理を用いて世界の大きな潮流とその先にあるカスタマーサクセスの重要性を説明し、何をすべきかを一緒に議論できる存在だと思っている。米国で得た人の縁を日本に還流させ、お世話になった日本企業に恩返しできることを望んで、筆者は日本にカスタマーサクセスという新分野を創出する活動を続けている。

本書を手に取ってほしい人と本書の活用法

本書を手にしてくださるのは、以下いずれかに該当する方だろう。

*3 https://success-lab.jp/successjp

(1) 日系企業ないし外資系企業日本オフィスの経営者
(2) カスタマーサクセスの実践経験が豊富な実務家
(3) デジタル時代の勝ちモデルに関心を寄せるビジネスパーソン

(1)の方には、ぜひ本書を自社の企業経営を考えるレンズの一つとして利用してほしい。企業文化を見直すような変革に着手できるのは、企業経営を担う皆さんしかいない。

(2)の方には、これまでの経験を反芻し初心にもどる機会として本書を利用してほしい。そしてぜひ自身の信念を添えて本書を上司や同僚など周囲の方々へ紹介し、カスタマーサクセスの議論の輪を広げていただきたい。

(3)の方には、自分の仕事がカスタマーサクセスとどう関係するのか考える機会として本書を利用してほしい。特に若い方には、キャリアとしてのカスタマーサクセスという視点から将来の可能性を思考してもらえると光栄だ。

繰り返しになるが、本書は「カスタマーサクセスとは何か?」について、日本で活躍される(1)~(3)の方たちにできるだけ分かりやすくその本質を伝える本である。

本書はカスタマーサクセスの実務者向けガイドブックではない。実務に関する詳細な情報は英語圏に読みきれないほど存在するが日本語の情報は少なく、良質な日本語のガイドブックが期待されているのも事実だ。しかしカスタマーサクセスに成功するための第一歩は、その本質と目的を、自分だけでなく周囲にも正しく理解し納得してもらうことだ。第一歩を正しく踏み出す人が増えることで、日本にカスタマーサクセスの輪が立ち上がり日本の競争力に磨きがかかることを願っている。

本書の構成を簡単に説明したい。

第1章は、カスタマーサクセスの重要性につながる時代背景、具体的にはデジタル技術の革新をきっかけに世界で起きているリテンションモデルへのシフト、およびそれが日本企業に意味するところを説明する。ここではカスタマーサクセスの「必然性（Why）」を理解してもらいたい。

第2章は、リテンションモデルとカスタマーサクセスの表裏一体な関係、つまりリテンションモデルで成功するための鍵がカスタマーサクセスだという関係性、加えて日本企業にとってのカスタマーサクセスの意義について説明する。ここではカスタマーサクセスの「本質（What）」を理解してもらいたい。

第3章は、カスタマーサクセスのグローバル調査に基づく「世界から見た日本」の現状、そして日本で生まれたカスタマーサクセスの事例を紹介する。ここではカスタマーサクセス実務の具体的なイメージを持ってもらいたい。なお筆者は日本のカスタマーサクセスリーダーに光を当てたインタビュー動画を２０１７年から撮り続けている。本章の事例はその動画集から抜粋・要約した。オリジナル動画はインターネットで一般公開しているので、本書で紹介しきれない事例やリーダーの生の声に興味のある方はぜひSuccess Japanチャンネル（YouTube）を参照してほしい。

本書で最も伝えたいのは、**カスタマーサクセスは日本企業にこそ必須の概念だ**ということだ。何よりもまず、そのことを理解し納得してほしい。そのため本書は、日本企業に向けたカスタマーサクセスの「必然性（Why）」と「本質（What）」に最大の焦点を当て、納得感を最優先しつつ、なるべくシンプルに紐解くことに努めた。

本題に納得された方に向けて最後に付録を追加した。視点を企業から個人へ切り替え、キャリアとしてのカスタマーサクセスの魅力を紹介する。カスタマーサクセスに現在取り組み中の方も、これから取り組む予定の方も、大いにワクワク感を持って明日からの活動につなげてほしい。

カスタマーサクセスとは何か　目次

第2章

カスタマーサクセスとはいったい何か

第3章
日本におけるカスタマーサクセスの現状

エピローグ
ウォルマートの決断（後編）

付録
キャリアとしてのカスタマーサクセス

プロローグ

ウォルマートの決断
（前編）

チーフ・カスタマー・オフィサー（CCO）の新設

２０１８年夏、ウォルマートがチーフ・カスタマー・オフィサー（CCO）職を新設し、アメリカン・エキスプレスの上級役員だったジェニー・ホワイトサイド氏を招へいすると発表した。このニュースを聞いた時、筆者は興奮と同時に疑問も覚えた。ウォルマートは米経済誌フォーチュンの世界５００社番付でここ数年１位を維持する世界トップ企業である。そのウォルマートにCCOがいなかったのか？と。

CCOカウンシル*の独自調査「CCO Study 2014」によれば、フォーチュン５００にランクされる企業のCCO設置率は10％、フォーチュン１００だと22％だ。つまり世界的優良企業の５社に１社では数年前からCCOが活躍している。にもかかわらず、世界トップ企業にはCCOがいなかったのだ。

CCOといえば俗に「Cスウィート」や「Cレベル」と呼ばれる最上級役員職の一つだが、その要職にウォルマートは外から人を招へいした。ジェニーさんは就任に際してコメントを発表している。

「この度私はウォルマートへ参画することにしました。今、とてもワクワクしています。（略）アメリカン・エキスプレスでの20年超におよぶ経験から私が学んだのは、

＊　http://www.ccocouncil.org/

エンド2エンドで素晴らしいカスタマー体験を提供することが何よりも最優先で重要だということです。CCOという新しいポジションはウォルマートにとって大きな第一歩です。カスタマーを常に中心に据えて考え行動することに対する、企業の並々ならぬ情熱を反映しています（略）」

ニュース発表によれば、ジェニーさんはCCOとしてオフライン店舗とオンライン店舗（EC）とをリンクさせることでカスタマージャーニー全体を最適化し、シームレスなカスタマー体験を提供すること、それによる新規顧客の獲得とECの売上拡大に責任をもつという。明らかにアマゾンへの対抗策だ。売上約56兆円（2018年）を誇る業界の雄が、売上約25兆円（同）の業界破壊者に怯えている。

「シームレスなカスタマー体験を提供する」というお題目は、オムニチャネルというバズワードと共に日本でも数年前から度々耳にしており、そこに新しさはない。新しさは何といっても、**世界のトップ企業がこのお題目を真の意味で実行できていないと認めたことだ。**同ニュースを伝える各社の論調が「ウォルマートにとって大きな第一歩だ」と概ね好意的だったことから、ウォルマートの改善余地は周知の事実だったことが覗える。

本書で伝えたいこと

カスタマーサクセスという言葉を聞いたことがあるだろうか? 「初めて聞いた」という人でも安心してほしい。カスタマーサクセスは米国で生まれた概念だが、米国でもまだ新興の概念だ。

本書で最も伝えたいのは、**カスタマーサクセスは日本企業にこそ必須の重要概念だ**、ということだ。日本は米国と事業環境が異なり、カスタマーサクセスの必然性や重要性の文脈も異なる。米国の書籍や理屈に触れても納得感が薄かったり誤解したりする人も多い。このままでは日本企業の競争力は落ち続けてしまうとの危機感から、筆者は日本企業に向けてカスタマーサクセスの意義を紐解く必要があると確信し本書の執筆を決めた。本題に入る前にその意図を少し補足したい。

図0－1は、グーグルの分析ツールに基づき、米国における「Customer Success」というキーワード検索のトレンドを分析した結果だ。検索数がほぼゼロだった2012年1月を起点に、直近の2019年3月実績を100とした指数(縦軸)に基づく過去7年超のトレンドを示している。特に、3年前の2016年には今の4割程度、つまり直近数年で関心が急増している点に注目してほしい。

米国のカスタマーサクセス協会(Customer Success Accosiation)の創業者であるマイケ

ル・ブレイゼル氏によると、米国でカスタマーサクセスという言葉の認知が広まり始めたのは２０１２年、ベンチャーキャピタリスト（以下「ＶＣ」）が投資先の創業者や経営者へ「カスタマーサクセスをしっかり実行すべし」と強力に指導し始めた時だ。

　米国のＶＣには何度も事業を立ち上げた経験のあるシリアル・アントレプレナーが多い。彼らはカスタマーサクセスの重要性と本質を自身の経験から文字通り身体で理解している。たとえば、ベッセマー・ベンチャー・パートナーズのパートナーであるバイロン・ディーター氏は、彼が起業した企業が倒産の危機から脱した時の経験が今のカスタマーサクセスの原体験だと語っている。カスタマーとの関係性を何より重視したことで高い契約更新率を維持できた結果、事業を存続させることができたのだ。

『カスタマーサクセス』（英治出版、２０１８年）著者でカスタマーサクセスのプラットフォームを展開するゲインサイト社のＣＥＯニック・メータ氏も、前職での企業経営の経験から

図0-1「Customer Success（キーワード）」のグーグル検索トレンド

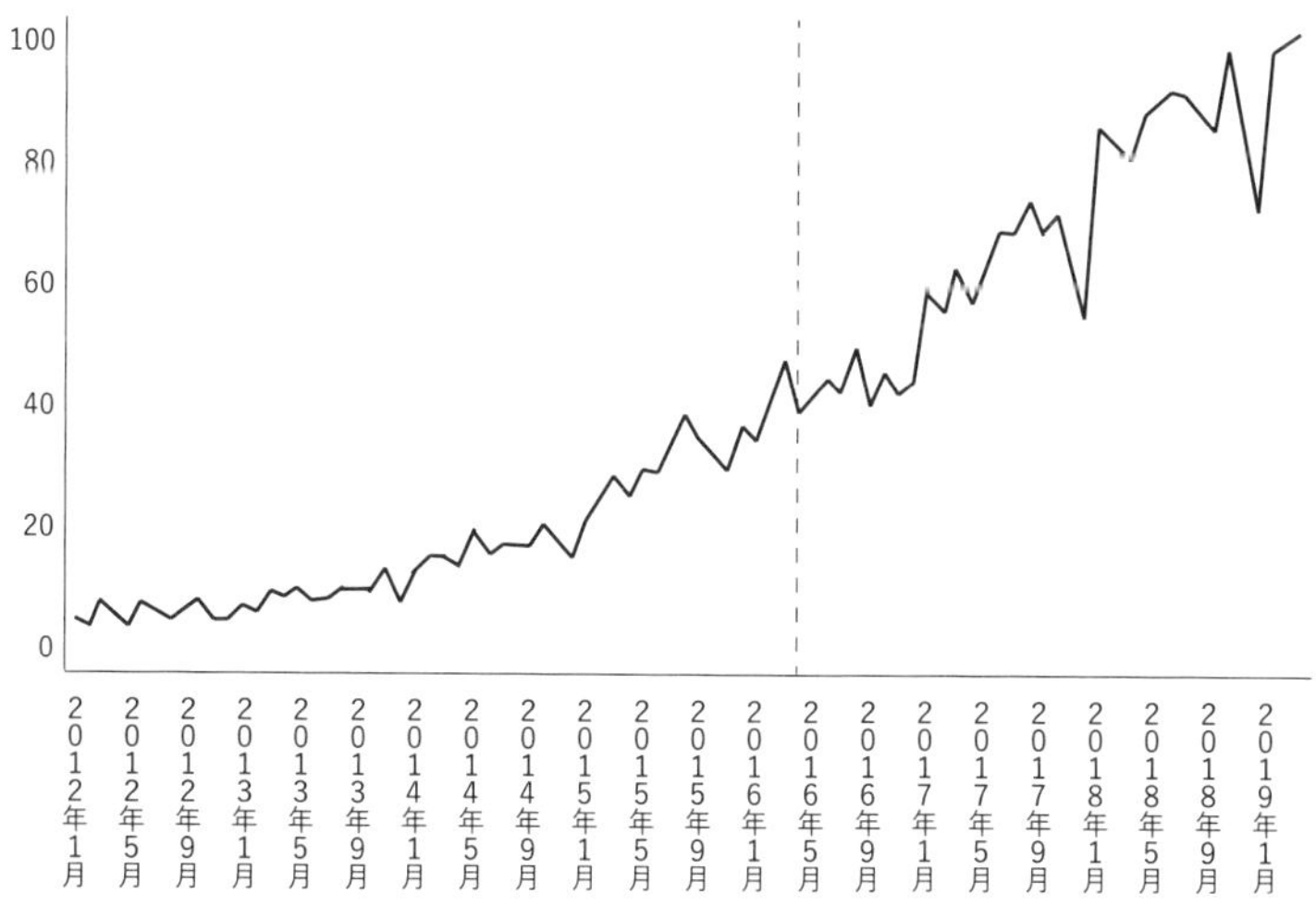

カスタマーサクセスの重要性を痛感した一人だ。彼は創業事業のエグジットに成功してVCに転じた時にゲインサイトの前身となる会社に出会い、心から「これだ！」と確信してCEOに着任した。2013年のことだ。以来、カスタマーサクセスという新分野を自社企業と共振させながら大きくする使命を果たしている。

このようにカスタマーサクセスという概念は、2000年代に熾烈な競争を勝ち抜いた企業が実行してきたことを、その経験者が投資側・指導側にまわり、方法論として体系化したものだ。

なお2013年は、アドビシステムズが従来の売り切りモデルから、クラウドでソフトウェアを提供するサブスクリプションモデルへの大転換を英断した年でもある。当初の売上は凹んだが、結果として株価は上がった。そして数年後は売上も大きくのびた話は有名だが、その裏には全社あげてカスタマーサクセスに取り組んだ事実がある。

次の山は2015年。それまでSaaS企業が中心だったカスタマーサクセスが非ソフトウェア業界まで広まった年だ。特に大企業が取り組み始めて採用数が一気に増えたことが関心の高まりを後押しした。

カスタマーサクセスは米国でも新興の概念だが、重要なのは、それが決して一時的流行のバズワードではないという点だ。2000年代にITバブルやリーマンショックも生き抜いた企業の経験に基づき、10年以上かけて概念と方法論が確立され、覚えやすい名前が付き、信念をもったソートリーダーらが啓発に投資したことで、今ようやく認知が花開いた概念なのだ。

こう話した時の日本企業のよくある反応は、「米国の事情は分かった。しかし日本は米国の真似をする必要があるのか？」だ。また「うちはＳａａＳ事業でもサブスクリプションモデルでもないから関係なさそうだ」と誤解する方もいる。なぜそうした反応や誤解が生まれるのだろうか。

図０－２は、ガートナーが２０１８年８月に公表した世界のパブリッククラウド市場予測だ。パブリッククラウド（以下「クラウド」）とは、利用者を限定せず一般の企業や個人向けにオープンな形態でのクラウドコンピューティング環境を提供するクラウドサービスだ。利用者は専用のハードウェアなどを

図 0-2 ガートナーによるパブリッククラウド世界市場のトレンド予測（2018 年 8 月）

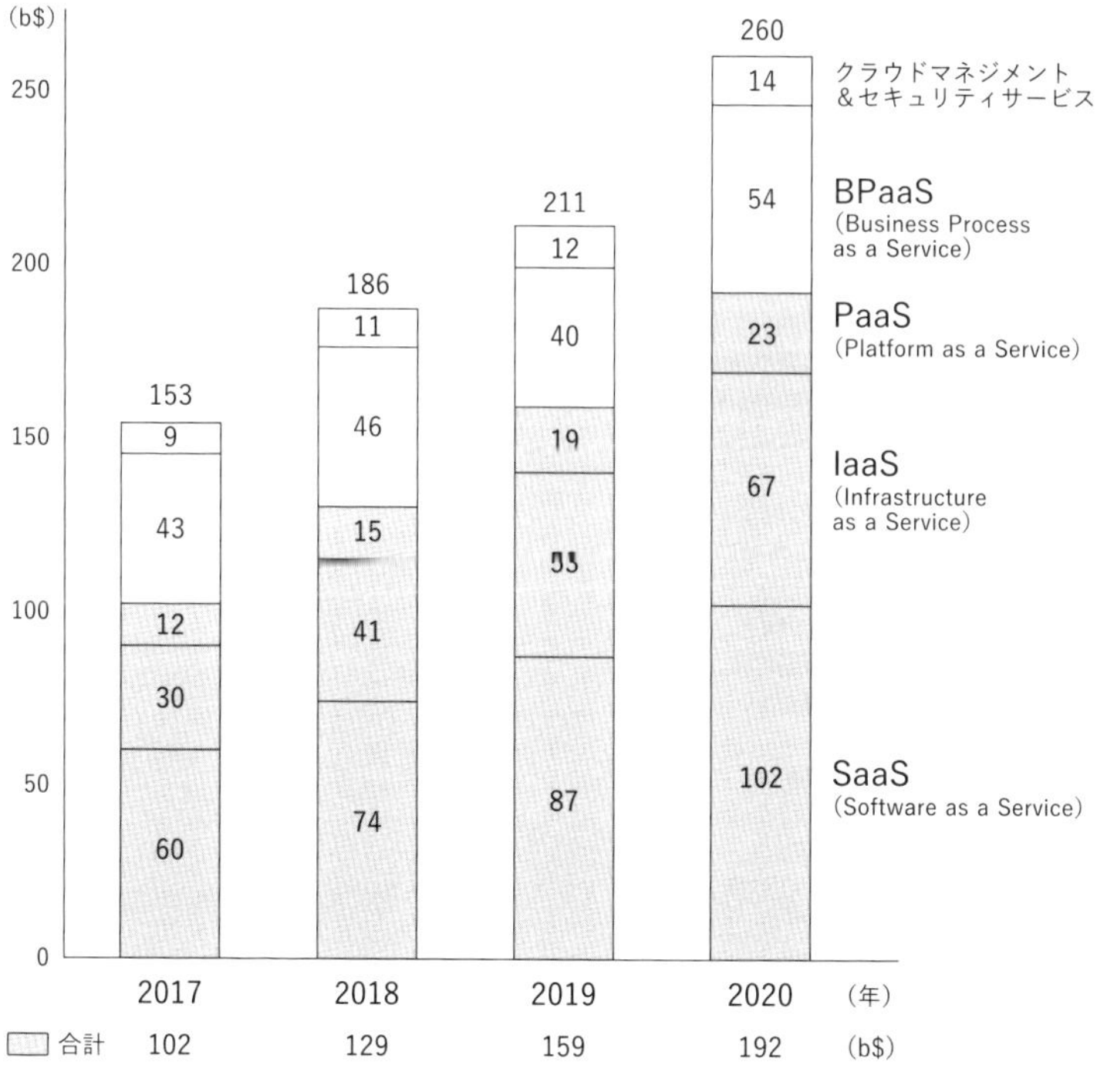

所有せずに必要な時・必要なだけ自由にサーバーやネットワークリソースを使うことができる。その利便性や初期費用の低さからクラウド市場は年々拡大し、ガートナーによると、2017年は1534億ドル（約17兆円）だったのが、3年後の2020年には2602億ドル（約29兆円）に成長する予測だ。

世界のクラウド市場は勢いよく成長中だが、日本のクラウド市場はどうだろうか。IDCジャパンが2018年10月に公表した国内のクラウド市場（PaaS+IaaS+SaaS）予測*によると、2017年は5230億円だったのが2020年には約1兆円に成長する。日本のクラウド市場も世界トレンドと同様に勢いよく成長中だ。しかし規模を比べるとその違いに愕然とする。出所の異なる数字を承知で乱暴に計算すると、クラウドの世界市場における日本市場は2018年に3・1%、2020年でも3・5%を占めるに過ぎない。

図0－3は、総務省が「情報通信白書 平成28年版」

図0-3 世界のクラウド市場における上位20社の市場シェア（2015年）

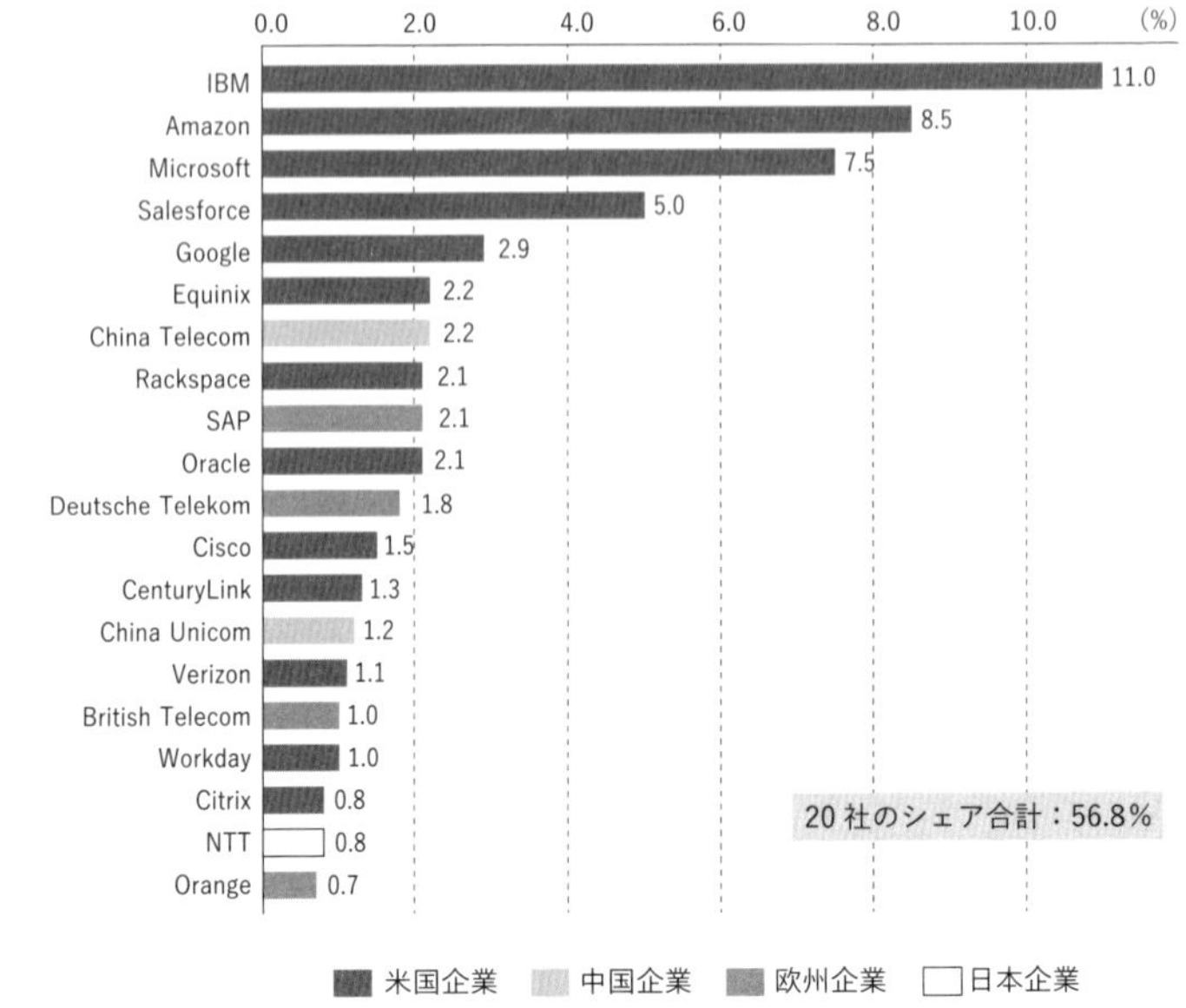

0.0
2.0
4.0
6.0
8.0
10.0
(%)
IBM 11.0
Amazon 8.5
Microsoft 7.5
Salesforce 5.0
Google 2.9
Equinix 2.2
China Telecom 2.2
Rackspace 2.1
SAP 2.1
Oracle 2.1
Deutsche Telekom 1.8
Cisco 1.5
CenturyLink 1.3
China Unicom 1.2
Verizon 1.1
British Telecom 1.0
Workday 1.0
Citrix 0.8
NTT 0.8
Orange 0.7
20社のシェア合計：56.8%
米国企業
中国企業
欧州企業
日本企業

で引用したＩＨＳテクノロジーの調査による世界のクラウド市場トップ20社だ。トップ5社の米国企業が市場の約35％を占める。市場全体でも約半分は米国企業だ。

勢いよく成長する世界のクラウド市場を牽引するのは米国企業だ。カスタマーサクセスはそんな米国企業の現場で生まれた。結果、カスタマーサクセスはクラウド事業、ないしサブスクリプションモデルの事業に必須なもの、という認知がある。そして、それは正しい。しかし、クラウド事業ないしサブスクリプションモデルの事業「ではない」なら、カスタマーサクセスは不要なのだろうか？

答えは「否（即ち必須）」である。

そしてこの点こそ、日本企業が最も注意しなければならない落とし穴だ。世界のクラウド市場における日本企業のシェアが５％未満にすぎないからといって無関心でいてはいけない。はっきり言おう。**カスタマーサクセスはクラウド事業かどうかにかかわらず、デジタル時代を生き抜くあらゆる企業にとって必須だ。**なぜか？――それが本書の主題の一つである。

＊　https://www.idcjapan.co.jp/Press/Current/20181001Apr.html

第1章

日本企業にこそ
カスタマーサクセスが
必須である理由

1-1
カスタマーを虜《トリコ》にするリテンションモデル

リテンションモデルの登場

読者の中にはアマゾン（Amazon）プライム会員の方が大勢いらっしゃるだろう。筆者はいつ申し込んだか思い出せないほど長いことプライム会員を継続している。本や家電のほか食品も、規格品を買いたければ瞬時にアマゾンへ行き迷わずクリックする。少し値のはるパソコンや大型家電なら価格を比較検討するが、そうでなければ多少高くてもアマゾンで買うのが賢明だと信じている。

アマゾンプライムは有料会員サービスだが、皆さんは利用料を即答できるだろうか？２０１９年４月現在、年間４９００円だ。自動更新にしている筆者は金額をすっかり忘れていた。改めて計算すると、アマゾンプライムの便利さにこれまで累計で数万円を払ったことになる。

アマゾンにとって利用者が「アマゾンなしでは生活できない！」と思うほど無くてはならない存在になること、それが究極の目的だ。以下は同社の「２０１６年　株主の皆様へ」で述べられたジェフ・ベゾスＣＥＯの言葉である。

カスタマーオブセッション

競合優位、プロダクト優位、テクノロジー優位など、他にもいろいろ、自社事業の強みの拠り所を考える選択肢は数多くある。けれど僕の中では「狂ってると言われるレベルで、カスタマーにとって無くてはならない存在になることを考える」*ことこそが、創業初日から１ミリも揺るがない自信をもって事業展開できる唯一の選択肢なのだ。

もう一つの例はライドシェアサービスのウーバー（Uber）ないしリフト（Lyft）だ。日本では身近でないが、車をもたずに米国シリコンバレーを訪れたら、それ無くして過ごせないと断言できるほど普及したサービスである。初めて使う日本人はその便利さ・安さ・アプリの直感性に驚愕する。そして一度使い慣れた後に日本に戻ってタクシーに乗ると、

＊　原語は obsessive customer focus

その都度支払いが必要なことをとても煩わしく感じ、時代を後戻りした気分になる。

最後の例はアップル（Apple）だ。説明不要だろう。我が家には家族の所有も含めると、リンゴマークのついたPCが4台、iPadが2台、iPhoneが3台ある。ハードウェアだけでなく、クラウドサービスやアップストア（App Store）の各種アプリも有料・無料含め毎日お世話になっているし、アップルストア（Apple Store：アップルが運営する直営販売店および技術サポート拠点）を訪れるのも楽しみの一つだ。

三つの例に共通するのは、デジタル技術を活用した画期的なプロダクトを提供し、**利用者がそれ無しでは生活できないという域の存在になっている**点だ。

では次に、それぞれのビジネスモデルを見てみよう。アマゾンプライムはアマゾンへ一定の会費を定期的に支払うことでプライム会員サービスをいくらでも利用できる。いわゆるサブスクリプションモデル（会員サービスを受ける利用期間に対し固定制ないし従量制の利用料を支払う課金制度）だ。

ウーバーやリフトは、地域限定の試用サービスを除くと、現時点でサブスクリプションモデルではない。利用者は乗車ごとに利用料を払う。しかし一度使えば日常的に使う人がほとんどだ。さらに筆者のように、米国へ訪れる知人にアプリのダウンロードからカード情報登録などの事前設定の方法を丁寧に教える人も多い。実際、同サービスの新規利用者開拓は筆者のようなユーザーが担っている。

一般消費者向けのアップル関連サービスは、有料のクラウドサービスとアプリを除けばサブスクリプションモデルではない。何よりアップルの収益の８割超はハードウェアの売上だ。新しいｉＰｈｏｎｅが登場するたびに列をなして購入するファンが多いのも同ブランドの特徴だ。

お分かりだろう。三つの例がデジタル時代に強い競争力を持つ事業である真の理由は、課金制度がサブスクリプションモデルかどうかではない。真の理由は、**リテンションモデル（カスタマーを虜にするモデル）**だという点だ。そして、それが本章の主題である。

リテンションモデルとは（定義）

リテンションモデルを定義しよう。本書では、以下４要素すべてを満たすプロダクト*をリテンションモデルと定義する。

１　利用者が、日常的・継続的にそのプロダクトを利用し、モノの所有に対してではなく成果に対して対価を払う

＊　本書で用いる「プロダクト」はモノに加えサービスも含む

2　利用者が、いつでも利用を止める選択権を持ち、かつ初期費用が非常に少なくてすむ

3　利用者が、それ無しでは生活や仕事ができない・使い続けたいと断言できるほど明らかにプロダクトが常に最新状態に更新・最適化され続ける

4　利用者が、自分にとって嬉しい成果を得られるならば、自分の個人データをプロバイダーが取得することを許す

補足したい。

- 先述のライドシェアサービス事業はサブスクリプションモデルではないが（1）に該当する
- 厳しい条件で契約期間が終了するまで利用を拘束するプロダクト（2年に1度の所定月以外は解約手数料が必要な携帯電話など）は（2）に該当しないため、リテンションモデルではない
- （3）に該当するプロダクトは、競合サービスとの比較検討を一切されずに「××ならここ」と瞬間的に選ばれる
- （4）に該当するプロダクトは、「自分のことを理解してくれている」「よい提案をしてくれそう」という信頼や期待自体も価値の一部を構成している

従来のモデルとの違い

定義の文章だけだとピンとこないかもしれない。音楽のストリーミングサービスを例に、従来モデルと比較しながらリテンションモデルの意義を補足しよう。

皆さんの中にも、音楽を聴くためにＣＤやＤＶＤを購入した経験のある人は多いと思う。しかし、今でもよくＣＤを買うという人は実はもう少数派ではないだろうか。

図１－１は、国際レコード連盟（ＩＦＰＩ）が「Global Music Report 2018」で公表する世界の音楽売上の形態別トレンドだ。過去20年にわたり市場全体が急減する中、音楽配信売上（ストリーミング含む）は直近十数年で急成長しているのが分かる。世界の音楽市場では、ＣＤ販売等のパッケージ市場はすでに3割を切る少数派になり、代わりに音楽配信市場が多数派になっている。

図1-1 世界の音楽売上トレンド

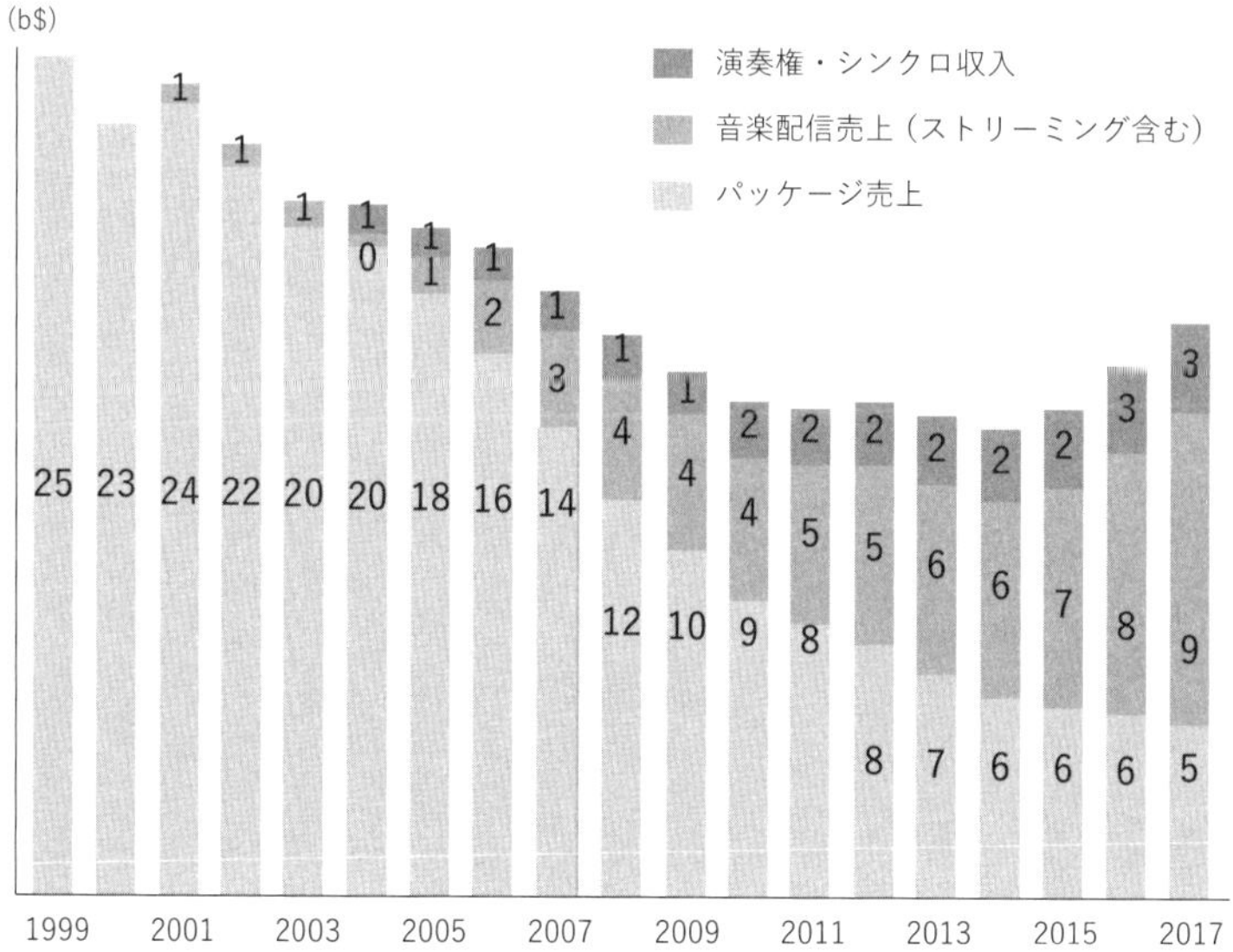

筆者も音楽を聴くのが大好きで以前はよくＣＤを購入した。しかしアマゾンプライムミュージックを利用するようになってからは、音楽を聴きたければｉＰｈｏｎｅやｉＰａｄに手が伸びるようになった。アマゾンプライムミュージックとは、アマゾンプライム会員なら追加料金を払うことなく１００万曲以上の中から好きな音楽を好きなだけ楽しめるサービスだ。つまりアマゾンプライム会員である筆者はもうＣＤを積極的に購入する理由がほぼゼロなのだ。そしてＣＤやＤＶＤを買わなくなった分、高性能なイヤフォンやスピーカーへ投資するようになった。

インターネット経由で音楽を楽しめるサービスは、アマゾンプライムミュージック以外にも、ｉＴｕｎｅｓやスポティファイ（Spotify）など多様な選択肢がある。そういう現在は、ＣＤを購入していた時代に比べて格段に安い費用で音楽を楽しむことが誰でもできるようになった。単に安いだけではない。スマートフォンなどの、インターネットにつながった持ち運べる高品質なデバイスの選択肢も増えた結果、高価な音響機器を購入しなくても、そしてＣＤプレイヤーのない屋外にいても、いつでもどこでも質のよい音楽を楽しむことができるようになった。

さて、この音楽ストリーミングサービスはリテンションモデルだろうか？　先述の定義に沿ってアマゾンプライムミュージックを例に考えてみよう。

1　プライム会員は、好きな時・好きな所で、手持ちの汎用デバイス（スマートフォンやタブレット、ＰＣなど）に、１００万曲以上の中から好きな音楽を好きなだけ何曲でもダウンロードして楽しめる。またそうできること（成果）に対し会費を支払う

2　プライム会員は、いつでも会員登録をキャンセルないし会員資格を終了でき、必要に応じ会費の返金を受ける。30日間の無料体験をへて、月額４００円ないし年額４９００円の会費を払うことで、プライムミュージックを含むすべてのプライム会員サービスを利用できる

3　プライムミュージックの楽曲は定期的に新しく入れ替わり、またスマートフォンやタブレットに楽曲をダウンロードして保存できる無料アプリや、アマゾンエコー（Amazon Echo）など新種のデバイスが利用できるようになるなど、利用者が飽きずに楽しめるよう常にサービスが最適化され続ける

4　プライム会員は、プライムミュージックを楽しめる代わりに、いつ・何を聴いたかの利用データをアマゾンが保有することを許可している。それらのデータに基づき画期的な新サービスが提供されたり、パーソナライズされた提案がされるのを期待する人もいる

お分かりだろう。音楽ストリーミングサービスは明らかにリテンションモデルだ。一方、従来のCD販売事業を同様に考えてみるとリテンションモデルに該当しないことがはっきり分かる。

1　所有するCDに収録された楽曲（1枚当たり10数曲）は好きな時・好きなだけ何度でも楽しめるが、そのためにはモノ（CDに加え、必要に応じCDプレイヤーなどの専用デバイス）の所有に対し購入対価を支払う
2　CDはいつでも所有権を放棄（廃棄）ないし売却できるが、所有権を取得するための初期費用はCD1枚当たり約1000～3000円かかる
3　所有するCDは、プロダクトとしての価値が供給者によって更新されることはなく、逆に利用頻度や保存状況によっては物理的な価値が劣化する場合もある
4　供給者は、販売後のCDが誰に・どう視聴されているかに関する利用データを取得できない

本書では以降、このCD販売事業のような従来のモデルを「モノ売り切りモデル」と呼ぶ。

主語を「利用者」で定義したリテンションモデルを、「供給者」を主語に変えて眺める

と、モノ売り切りモデルとの大きな相違点が浮かび上がる。それは、売った後にプロダクトの価値や収益構造を変え続けることのできる、まるで**生き物のようなモデル**である、という点だ。

- モノ売り切りモデルでは、売った瞬間に**プロダクトの価値が固定化される**。供給者は一つの収支モデルで一定期間にコスト回収することを前提に事業計画をたてる
- リテンションモデルでは、売った後もずっと**プロダクトの価値が最新・最適化され続ける**。結果、一つの収支モデルで一定期間にコスト回収するという従来の前提は成り立たず、供給者は収支モデルの変化を前提に事業計画をたてる必要がある

リテンションモデルは、モノ売り切りモデルに比べて事業の舵取りが複雑化し難易度も上がる。しかし「リテンション＝カスタマーを虜にする」ことに成功すれば、使えるカードの選択肢が各段に増え、結果的に競争優位に立ちやすいモデルとも言える。

ではいったい、この新しいリテンションモデルがなぜ登場したのだろうか。その背景を紐解こう。

1-2 リテンションモデルへのシフトが不可避な理由

リテンションモデル登場の裏にある大波の全容

音楽の世界でおきた大変換は、「パブリッククラウド（以下「クラウド」）の登場がきっかけだ」とよく説明される。最も有名なクラウドの一つであるAWS*が公開されたのは2006年7月。その前後で音楽の世界が大きく変化したのは紛れもない事実だ。

音楽の楽しみ方が大きく変化したその裏で、実は音楽の供給側にも大きな変化が起きている。それは、**ハードとしての「モノづくり」が不要になったこと**、加えて**ソフトとしての「モノづくり」コストが劇的に安くなった**ことだ。

その結果、供給者にとって従来必要だった「How（モノをどうつくり・どう供給する

* Amazon Web Services の略。アマゾンが提供するクラウドコンピューティングサービス

か）」を考え実行するための多額の予算や専門スキルをもつ人材などのリソースがほぼ不要になった。そしてその分を「What（どういう音楽サービスが）」や「Why（なぜ求められているのか）」の検討にたっぷり使うことができるようになった。それが、クラウドの登場以降、利用者にとって単に安いだけではない、とても便利で使い勝手もよく、最高にクールな音楽サービスが次々と世の中に登場した背景にある、ということは、実は意外と意識されていない。

また質問したい。リテンションモデルが登場したのはクラウドの登場が理由だろうか？

答えは「否」である。

クラウドの登場が音楽の世界を大きく変えたのは事実だ。しかしクラウドの登場「だけ」が理由ではない。少し高い視点に立ってみる必要がある。音楽に限らない広くあらゆる業界がシフトしているリテンションモデルという視点で考えると、クラウドというたった一つの要因だけが理由ではないのだ。

実は、デジタル技術革新が引き金となり、**数多くの要因が絡みあう押し返せない大波のようなトレンドが存在する**。第1章ではその大波について詳しく説明したい。なぜならこのメカニズムを正しく理解することが、リテンションモデルが登場した理由とその本質を正しく理解することに直結するからだ。

図1-2は、リテンションモデルを定義する4要素とその背景にあるトレンドを示して

いる。
背景にあるトレンドの要点を簡潔に説明しよう。

1．世の中の値付け標準が成果ベースへシフト
限界費用ゼロ社会の到来という供給側のトレンドと、ミレニアル世代の影響力に後押しされる新しい消費行動・価値観という利用側のトレンドが融合した結果、経済取引の**価値の源泉がモノの所有から体験や成果へシフト**するトレンド

2．経済取引の選択権が利用者へシフト
スマートフォンが米国に生き渡った2014年前後より利用者の情報武装レベルが飛躍的に向上、さらに利用者へ直接つながることで従来のバリューチェーンを破壊する供給者も登場した結果、**供給者が従来握っていた経済取引の既得権が利用者へシフト**するトレンド

3．競合プロダクトの価値が「中毒になるレベル」へシフト
「あらゆる産業がソフトウェアに侵略される（"Software is eating the world" by マーク・アンドリューセン氏）」という供給側のトレンドと、情報武装が進みより便利なプロダクトを

図 1-2 リテンションモデルの背景にあるトレンド

背景にあるトレンド	リテンションモデル：定義
1.世の中の値付け標準が成果ベースへシフト	利用者が、日常的・継続的にそのプロダクトを利用し、モノの所有に対してではなく成果に対して対価を払う
2.経済取引の選択権が利用者へシフト	利用者が、いつでも利用を止める選択権を持ち、かつ初期費用が非常に少なくてすむ
3.競合プロダクトの価値が「中毒になるレベル」へシフト	利用者が、それ無しでは生活や仕事ができない・使い続けたいと断言できるほど明らかにプロダクトが常に最新状態に更新・最適化され続ける
4.競合のゴールがカスタマーのライフタイムバリュー最大化へシフト	利用者が、自分にとって嬉しい成果を得られるならば、自分の個人データをプロバイダーが取得することを許す

求め続ける利用側のトレンドが融合した結果、**選ばれ続けるのに必要なプロダクト価値の水準が「利用者が中毒になる」レベルへシフト**するトレンド

4．競合のゴールがカスタマーのライフタイムバリュー*最大化へシフト

便利さと引き換えに個人データを提供する利用側のトレンドと、桁違いのデータを取得することで将来の価値を高めたい供給側のトレンドが融合した結果、**価値最大化の方程式が「高額・多数の単発取引」から「少額・親密な継続取引」へとシフト**するトレンド

重要なのは、この四つのトレンドのさらに背景に、デジタル技術革新を引き金とする**押し返せない大波のようなトレンドのループが存在している**点だ。図1－3は、その大波トレンドのメカニズムの全体像だ。

まずは全体像のポイントを理解してほしい。

- 番号①～⑬が付いたトレンドは、それ一つ一つが単独で頻繁に議論されることの多い奥深いテーマである
- それら一つ一つは実はバラバラに存在しているのではなく、あるトレンドが他のトレンドへ影響し、それがさらに他のトレンドへ影響し……という相互の関係性が存在し、

* ライフタイムバリュー（Life Time Value; LTV）とは、あるカスタマーとの全取引期間を通じて企業が得る収益の総額、ないしその現在価値をいう。「顧客生涯価値」とも訳される

図 1-3 大波メカニズムの全体像

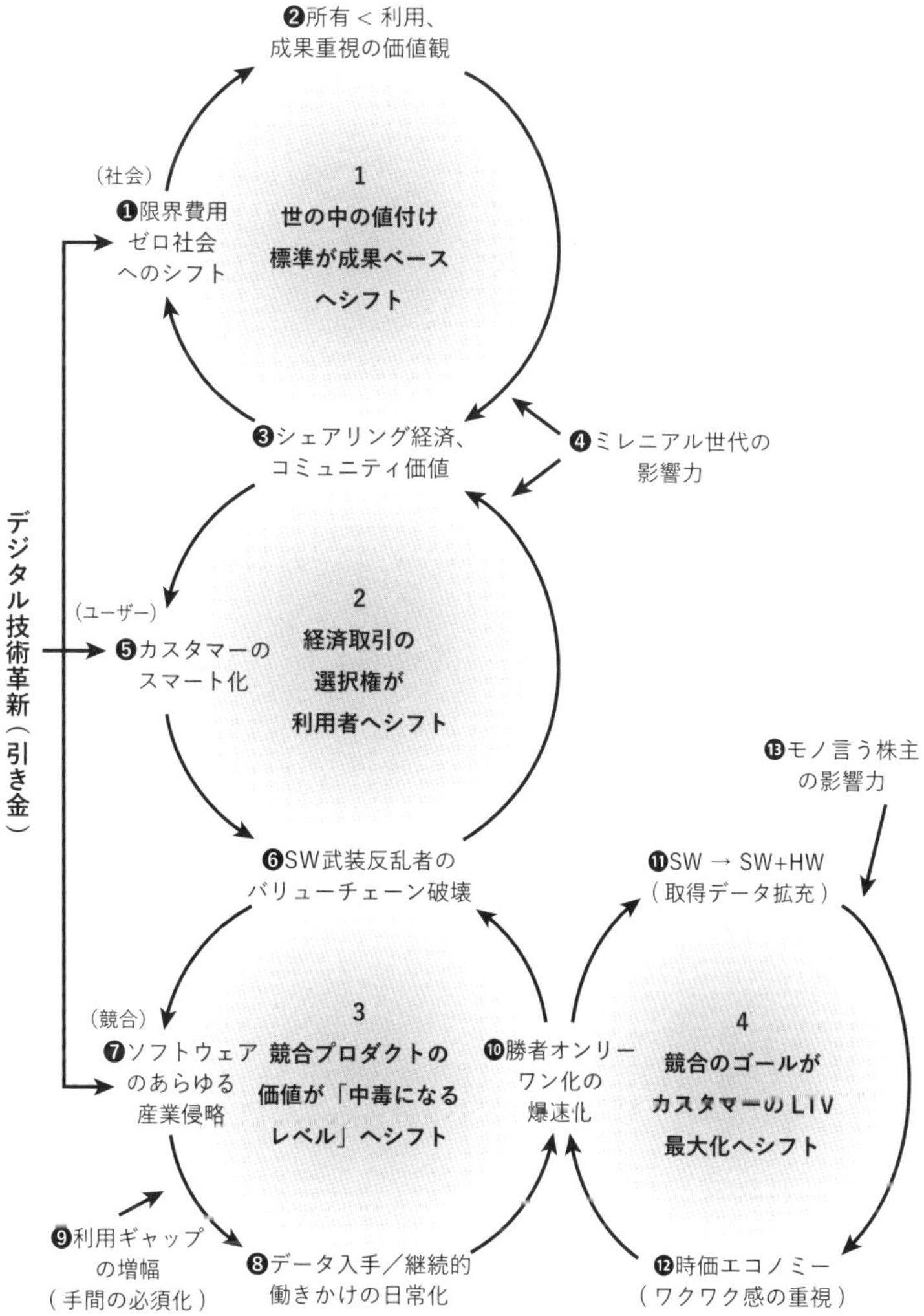

注：矢印（←）の始点が終点を加速ないし強化

全体でループが回っている

- ループの中で各テーマが相互に作用しあう結果、一つ一つの足し算ではなく掛け算で加速的に拡大するインパクトが生まれる構図が存在する
- 堅固に結び付いたループが加速的に回る結果、その中の一つ一つのトレンドに個別に対処しても焼け石に水に等しい、あらがうことのできない大波が生まれている

以降、四つのループそれぞれを説明していこう。

1. 世の中の値付け標準が成果ベースへシフト

第1のループは、①**「限界費用ゼロ社会へのシフト」**という供給側のトレンドから始まる。『限界費用ゼロ社会――〈モノのインターネット〉と共有型経済の台頭』(NHK出版、2015年)で著者のジェレミー・リフキン氏が描く世界そのものだ。即ち、インターネットの普及と革新的IoTプラットフォームが登場することで、コミュニケーション、エネルギー、輸送コストは劇的に低下し、権力は中央集権から大多数へ分散化し、製造はマス・プロダクションからパーソナル・ファブリケーション化するなど、従来の資本主義

経済が終わりを迎える。代わって、**ほぼ無料の財・サービスが広く普及する協業型コモンズが台頭**する。その結果、価値の拠り所は関係性や信頼・善意へとシフトし、私的金銭的利益よりも協働共有利益が追求されるようになる。一例は、大規模公開オンライン講座（Massive Open Online Course：MOOC（ムーク））の普及だ。ペンシルヴェニア大学、スタンフォード大学、プリンストン大学など世界屈指の大学教授らの教えをインターネット上で誰でも無料で受講できる講座である。

デジタル技術の革新は、同時に利用者の消費行動・思考にも影響を与える。消費市場が成熟し物質的に満たされた人びとの関心は経験へ向かう。そこにＳＮＳが普及してコミュニケーションが濃密になると、「他人は何をしているか？　自分は何を伝えたいのか？」へ注目が集まる。結果、利用者はこれまで以上に成果を吟味し、お金や時間を自分が大切だと思う体験・目的に使いたいという②**「所有＜利用、成果重視の価値観」**が強まる。

図 1-4 大波メカニズム：第１のループ

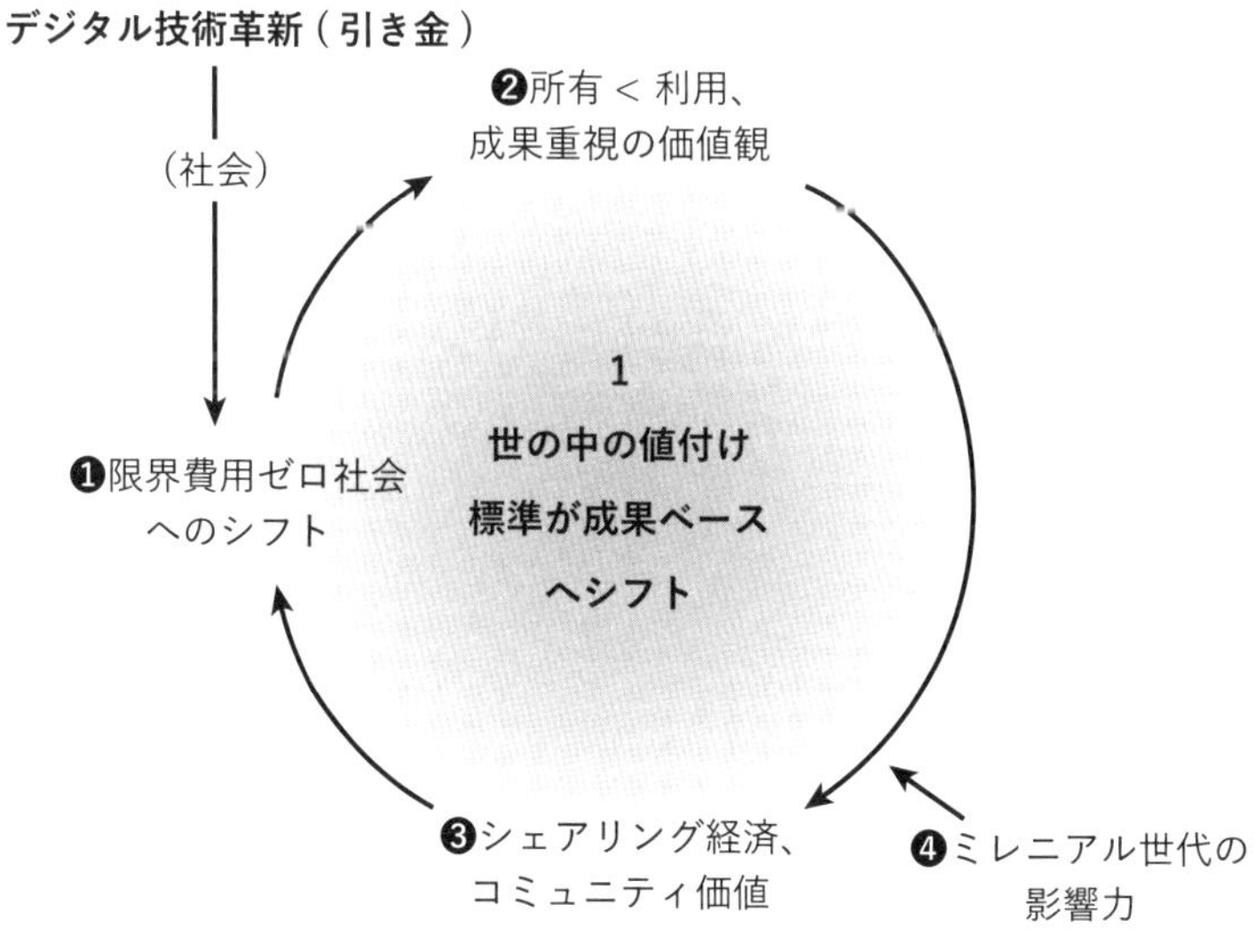

供給側のトレンド①「**限界費用ゼロ社会へのシフト**」は利用側のトレンド②「**所有へ利用、成果重視の価値観**」を後押しする。そしてその延長線上に誕生しつつある新しい価値形態③「**シェアリング経済、コミュニティ価値**」、即ち共有しあう関係性やコミュニケーションそのものに課金する価値の形態の登場を促す。

③の例として、日本生まれの「ｎｏｔｅ（ノート）」というサービスを紹介しよう。読者の中にはｎｏｔｅを利用される方も多いと思うが、ご存知ない方のため簡単に説明すると、文章、写真、イラスト、音楽、映像などの作品を「ｎｏｔｅ」として誰でも投稿し・閲覧できるコンテンツ・プラットフォーム・サービスだ。投稿者（クリエイター）は自分の作品をプラットフォーム上で無料で公開しても、有料（少額から可能）で販売してもよい。プラットフォームの利用は基本無料だが、プレミアム会員（月額５００円）になるとより高度で便利な機能を利用できる。

このプラットフォーム・サービスのポイントは、**見知らぬ人と人とがつながってコミュニティが生まれ何かを共有する、その共有される体験そのものに価値がある**点だ。コンテンツはそうしたコミュニティ形成のキッカケでしかない。

図1-5は、ｎｏｔｅのような「シェアリング経済・コミュニティ価値」に立脚したサービスのエコノミクス構造を、従来の構造と比較しながら分かりやすく模式化した。読者と作家が両端にいる従来の「（ｅ）ブック」に比べ、新たな「ｅリーディング」では作

家がクリエイターという立場で読者の側に交じり、さらに読者もキュレーターやフォロワー（ファン）という立場をもちながら、それぞれが横並びでつながること自体を楽しむ関係にある。

noteの運営会社であるピースオブケイクの加藤貞顕CEOが、その価値を何より明快に語っている。「僕らは、コミュニケーションやリレーションに課金している。それらはコピーできないから、中国でも展開できるのだ」

③**「シェアリング経済、コミュニティ価値」**の拡大は、そのまま①**「限界費用ゼロ社会へのシフト」**に直結する。このように第1のループでは、デジタル技術革新が引き金となり、供給側のコスト構造などが変わるトレンドと、利用側の価値観が変わるトレンドが融合し、経済取引の**価値の源泉がモノの所有から体験や成果ベースへシフト**するトレンドが強化されていく。

第1のループでもう一つ無視できないトレンドは

図1-5「e-reading（「つながるのが楽しい」が価値）」のエコノミクス構造

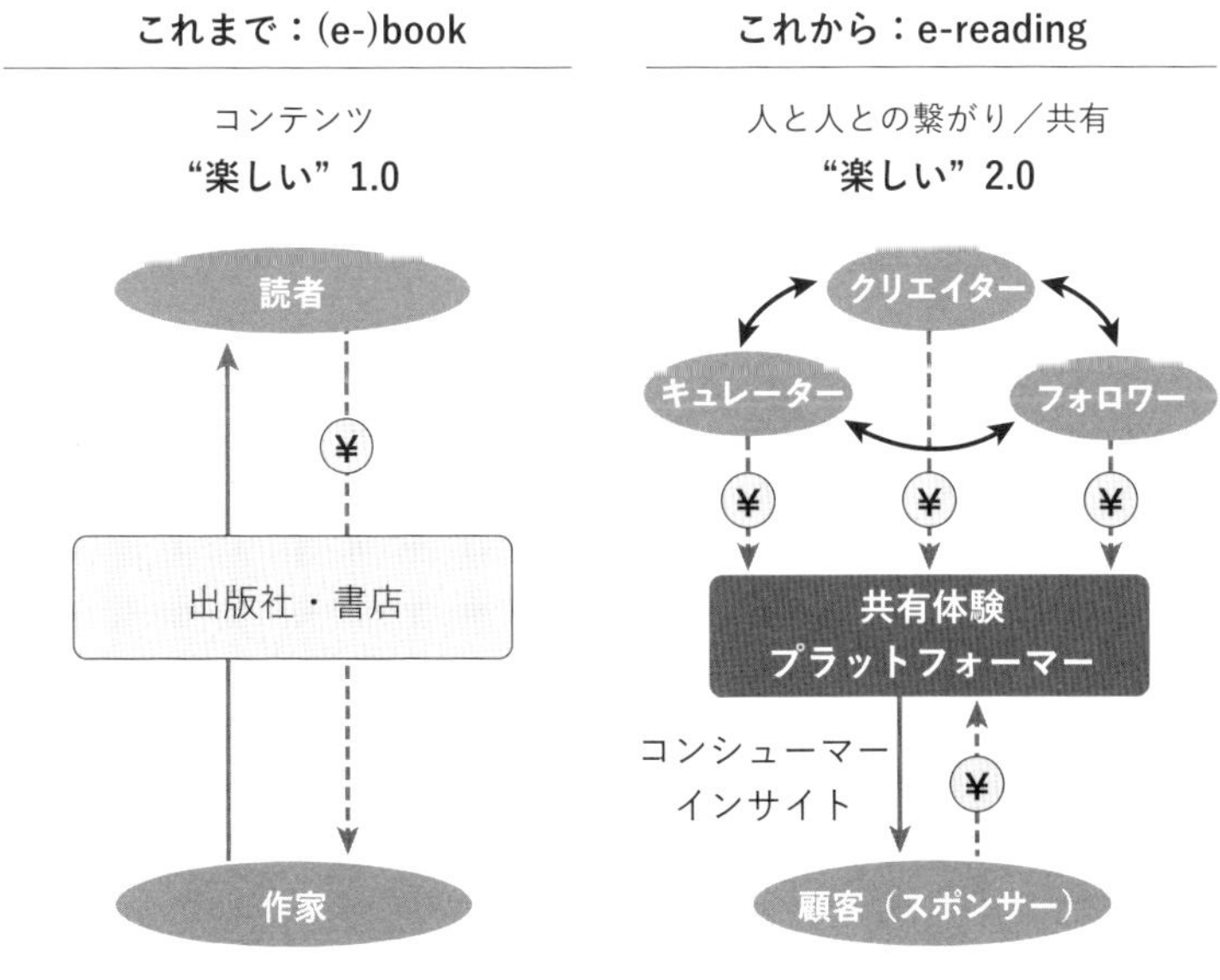
これまで：(e-)book
コンテンツ
“楽しい” 1.0
読者
¥
出版社・書店
作家
これから：e-reading
人と人との繋がり／共有
“楽しい” 2.0
クリエイター
キュレーター
フォロワー
¥
¥
¥
共有体験
プラットフォーマー
コンシューマー
インサイト
¥
顧客（スポンサー）

④「ミレニアル世代の影響力」だ。ミレニアル世代は1981〜1995年生まれで2019年現在24〜38歳。すでに経済取引の中核を担い社会への影響力もある。

ミレニアル世代の解説は無数にあるが、ここでは筆者が衝撃を受けた実体験を紹介したい。それは2017年にスタンフォード経営大学院の起業家養成プログラムに参加した時のことだ。参加者は現役のスタンフォード大学(院)生と社会人とが半々で、ミレニアル世代が約8割を占めた。彼らは、誰に指示されるでもなく自然と次の行動をとったのである。

- グーグルドキュメント(ブラウザ内で動くオフィスソフト。管理者から招待された参加者は誰でもいつでもアクセスし、内容を閲覧したり、コメントを付したり、編集したりできる)を立ち上げ、クラスメイトを次々と招待し、一つのファイルをみんなで共有する
- 授業中、共有ファイル上で、みんなが一斉にメモを書き込む
- 分からない点や質問があれば、共有ファイル上にマークをつけたり質問を書き込む
- マークや質問を見て、分かる人がリアルタイムに説明や回答を書き込む
- 授業のあとも、それぞれ好きな時間に、時には自宅から書き込みをする
- グループアサインメントの納期やプログラム終了時には、仲間と協働でつくった「グ

ループ提出物（成果物）」、および授業のメモ・質問＆回答・補足説明がたっぷり詰まった「マスターノート」が完成している

筆者はミレニアル世代ではない。学生時代、授業のメモは紙のノートにとった。ノートは自分だけが書き込みをして完成させるものだった。そして他人のノートは頼んで見せてもらう（コピーをとる）ものだった。今思い返すと、ひどく非効率で無駄な時間を費やしたと思う。

ミレニアル世代の彼らは、筆者の学生時代の話に全くピンとこないだろう。そしてこう言うだろう。「グーグルドキュメントという便利なものがあるのになぜ使わないの？　アウトプットはみんなで一緒に完成させる方が早くて良いものができるし、なんたってその方がずっと楽しいじゃないか！」――その通りなのだ。本当に楽しいのだ。自分が書き込んでいる瞬間に同じファイルへ誰かが書き込みをしていると、相手の姿が視界になくてもその存在を感じられて励みになる。特に夜中に書き込みがあった時はすかさずスラック（Slack）で「リン、見たよ、ありがと。もう遅いから寝よう！」といったショートメッセージを送りあう。すると孤独感が一気に解消する。また、誰が書き込んだのかも分かるので、マークは分析が早いな、アリは指摘がいつも鋭いな、など仲間の個性をより深く理解できる。

そんな彼らが社会での影響力をさらに増すにつれ、第1のループ「世の中の値付け標準が成果ベースへシフト」は加速的に回転していくだろう。

2. 経済取引の選択権が利用者へシフト

第2のループは、スマートフォンが浸透することで個人の情報武装が飛躍的に進む結果の⑤**「カスタマーのスマート化」**という利用側のトレンドから始まる。**図1-7**は、主要国におけるスマートフォン普及トレンドだが、2014年頃には米国にスマートフォンがほぼ行き渡ったと言えそうだ。

「スマートフォンは人びとの行動を変えた」に異論はないだろう。単機能の電話機がPC並みの高機能電話機になったことで、わざわざPCを開かなくても情報を文字通り手の中に収めることが可能になった、要は情報のモビリティ（可動性）が上がったのだ。しかし実はそれだけでもない。同時期に移動通信システムが4Gになり、* とれる情報の量とスピードも格段に上がった。文字情報に加え、写真や動画など桁違いに大量の情報を不満のないスピードでとれるようになった。結果、便利なアプリや情報サービスが次々と登場した。こうして供給側が握っていた情報が利用側に開放されたのだ。なお、日本では

＊　日本は 2010 年に 3.9 Gの運用開始

図 1-6 大波メカニズム：第２のループ

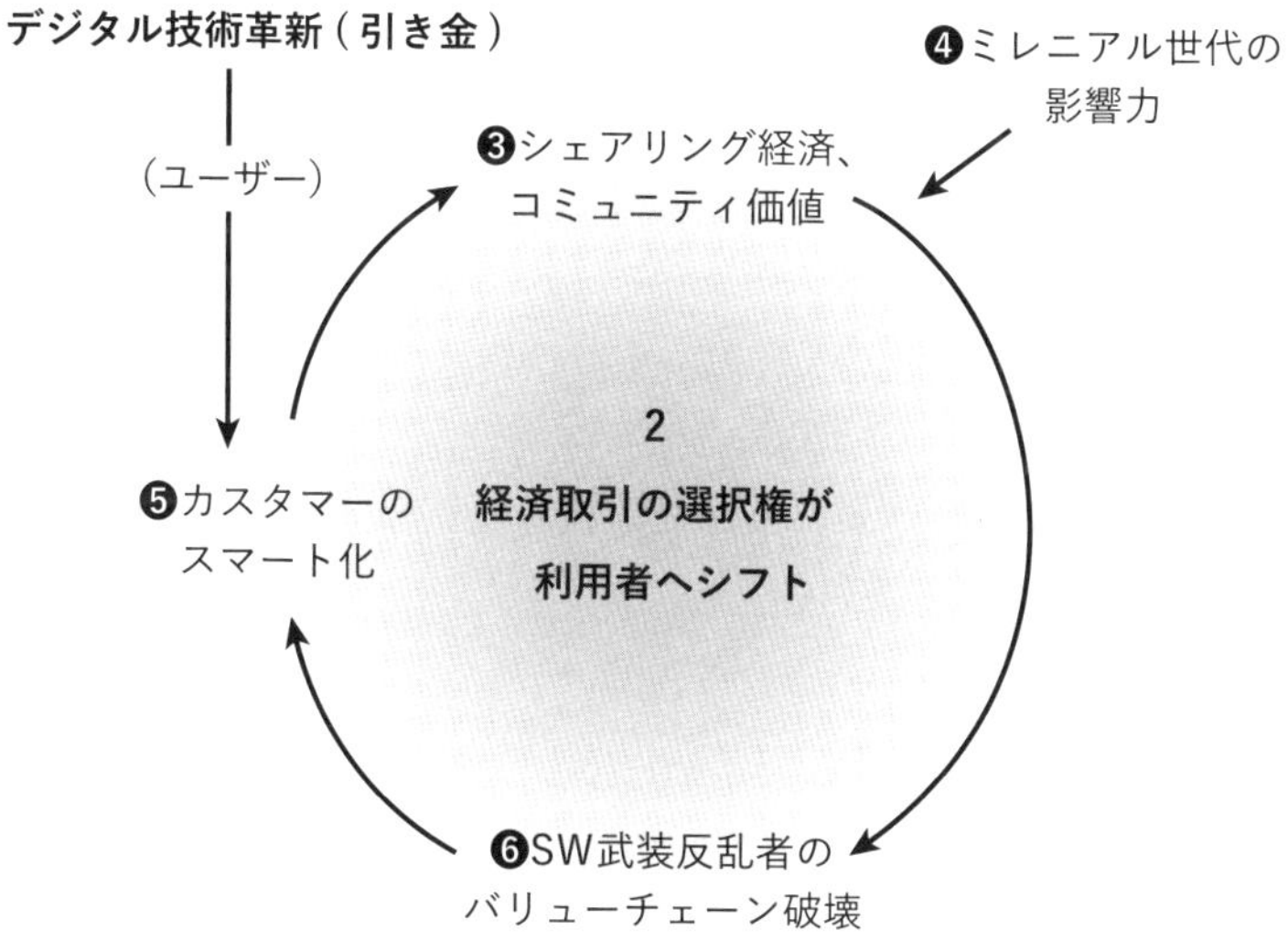

図 1-7 スマートフォン保有率・簡易推定

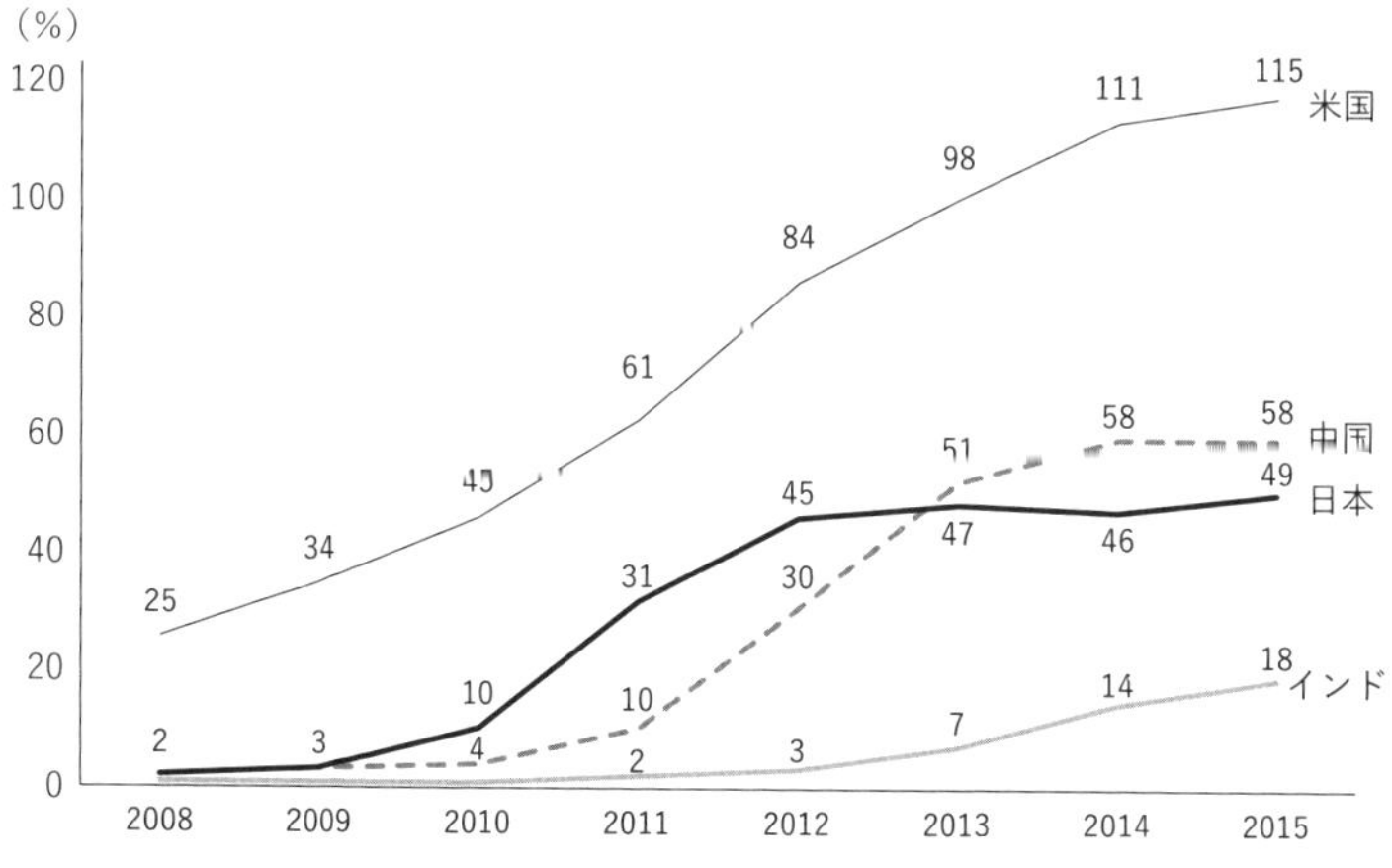

※保有率＝（出荷台数×２年）÷人口で推定
出所：矢野経済研究所「2009-2010 携帯電話世界市場動向調査」「2013-2014 携帯電話世界市場動向調査」

２０２０年から５Ｇの運用が始まる。この⑤**「カスタマーのスマート化」**トレンドは次の局面へ突入し、さらに勢いを増すだろう。

利用側のトレンド⑤**「カスタマーのスマート化」**は、供給側のトレンド⑥**「ソフトウェア武装した反乱者のバリューチェーン破壊」**の引き金をひく。それまで不可能だった「利用者へ直接情報を届ける」が可能になったことを好機と見る業界破壊者（ディスラプター）が次々現れ、従来のエコノミクス構造を支えてきたバリューチェーンを破壊するトレンドだ。

数多い商流・物流の破壊事例の中で、日本であまり知られていない「Ｄ２Ｃ（ディー・ツー・シー：Direct-to-Consumer）」を紹介したい。Ｄ２Ｃとは、自社で企画・製造したプロダクトを自社チャネル（ＥＣ）で販売する事業モデルだ。要は、既存の小売店・卸店などの販売チャネルを一気に中抜きするメーカー直販モデルである。直販自体は新しくない。しかし従来の直販は、既存チャネルに遠慮する大手メーカーが、直販用にプロダクトやブランドやプライスを変えたり、ニッチ市場に絞ったり、規模を限定したりして展開する日陰の事業だった。一方、Ｄ２Ｃは直販専業メーカーの事業で、かつ規模や成長余地が大きい点が新しい。既存の商流を介さずに急成長するＤ２Ｃが次々現れた最大の要因は、ＳＮＳなどでメーカーが利用者へ直接情報を伝えられるようになったこと。加えて、小ロットから非常に安価に発注できる中国・インドの製造業（ＯＥＭメーカー）の存在が大きい。

＊1 https://www.dollarshaveclub.com/

＊2 https://youtu.be/ZUG9qYTJMsI

有名なD2C事例の一つに、ダラー・シェイブ・クラブ[*1]がある。オンラインで登録してお試しパックを利用した後に会費を払い続けると、毎月定期的に新品のカミソリキットが自宅に郵送されるサービスだ。同社は2012年の創業時にサービスの革新性で話題になったが、売上が2・4億ドルに成長した4年後にユニリーバに10億ドルで買収されて再び話題を呼んだ。米国の髭剃り市場は電気シェーバーも入れると約1兆円近い大きな市場だ。その市場をP&G（ジレット、ブラウン）とエッジウェル（シック）の2強が、11〜14%もの販促費を投入する従来モデルで寡占していた。そこへ果敢に切り込んだダラー・シェイブ・クラブは、ユーチューブなどSNSで利用者へ直接リーチし、2強ができない強烈なメッセージを発することで、すさまじいバイラル効果を獲得した。なんと、たった2日間で1万2000人が動画を見て購入したのだ。**図1-8**は、創業者のマイケル・デュビン氏がカメラに向かって直接語りかけ話題をさらったユーチューブ動画[*2]の一幕だ。

10億ドルも投じて買収に踏み切ったユニリーバの意思決定からは、業界の常識や堅固なエコノミクス構造が一瞬にして破壊されること

図1-8 2012年3月に公開されたダラー・シェイブ・クラブのYouTube動画

への恐怖さえ感じられる。事実、ダラー・シェイブ・クラブは、「直販事業はスケールしない」という業界の常識ばかりか、大手メーカーが長いこと共栄してきた既存の流通およびマーケティングチャネルの存在価値も破壊した。累計視聴数が2500万回を超えるこの動画を観れば一目瞭然だが、彼らは2強と桁が二つ違いそうな安価な製作費の動画で新規会員を獲得した。さらに会員が利用するデバイスやチャネルごとに最適なタイミング、会員ごとに最適なメッセージを届ける、従来よりもはるかに低予算・高効果なマーケティング手法で会員を維持している。この手法は買収後も継続しているようだ。

ダラー・シェイブ・クラブは、ミレニアル世代の心をつかんだと言われる。（乱暴に言うと）たかだかカミソリに、2強は多額の資金を注いで優秀なエンジニアを何人も雇い製品イノベーションを追求しつづけた。さらに既存の販売チャネルと広告チャネルにも多額の資金を払いつづけた。そんな無駄のせいで高いモノよりも、毎週のように新しい替刃で髭剃りできるコトや、定期配達で買い忘れなくてすむコトの方を利用者は求めた。そして激安な替刃なのに新品であるため「とてもスムーズに剃れた」という喜びの声をツイッターに次々とあげた。つまり、コトや成果を重視して毎日の生活に新しいカミソリの習慣を取り入れた経験を周囲の人と共有するコトにも価値を見出したのだ。

このように第2のループでは、スマートフォンの浸透に伴う⑤**「カスタマーのスマート化」**が⑥**「ソフトウェア武装した反乱者のバリューチェーン破壊」**を可能にし、新しい③

「シェアリング経済、コミュニティ価値」を増やしていく。そうした価値構造のシフトがおきる中で利用者はますます情報を取りに行こうとする。こうして**供給者が従来握っていた経済取引の既得権が利用者へシフト**する、つまり「カスタマー・イズ・キング（最大権力をもつ王様）」の時代に突入するのだ。

3. 競合プロダクトの価値が「中毒になるレベル」へシフト

第3のループは、業界がソフトウェアで一新される⑦**「ソフトウェアのあらゆる産業侵略」**トレンドから始まる。マーク・アンドリーセン氏が２０１１年に書いたコラム「あらゆる産業がソフトウェアに侵略される（In short, software is eating the world.）」*の世界だ。彼は大学在籍中にウェブブラウザのネットスケープナビゲーター（Netscape Navigator）を開発して23歳で億万長者になった。現在は米ベンチャーキャピタル、アンドリーセン・ホロウィッツの共同創業者兼ジェネラルパートナーとして、フェイスブック（Facebook）、スカイプ（Skype）、ツイッター（Twitter）ほか多数の投資をリードしている。

その後の10年を予測した彼のコラムは、公開された２０１１年に過激さから衝撃を呼び、多くの書籍や記事が引用した。８年たった今、現実は彼の予測通りだ。書店、写真、ビデオ、

＊　https://a16z.com/2011/08/20/why-software-is-eating-the-world/

音楽、エンターテーメント、通信、採用などの業界ではアマゾンなどのソフトウェア会社がとっくにトップの座にいる。また金融、ヘルスケア、教育、自動車、小売、石油・ガス、国防などあらゆる業界で、リアルな世界にしか存在しえないと思われた既存バリューチェーンの多くがソフトウェアに置き換わっている。

⑦**「ソフトウェアのあらゆる産業侵略」**トレンドは、⑧**「データ入手／継続的働きかけの日常化」**トレンドを加熱させる。

バリューチェーンやプロダクト自体にソフトウェアが浸透したことで、以前は入手不能だった「プロダクトの買われ方・使われ方」に関する情報を客観詳細データとして入手できるようになった。競合に差をつけたい企業はカスタマーから日常的に直接データを取得し、分析に基づき個別化した働きかけを継続的にすることで絆を強める。そのためのデータ争奪戦が競合間で熾烈になるトレンドだ。

図1-9 大波メカニズム：第3のループ

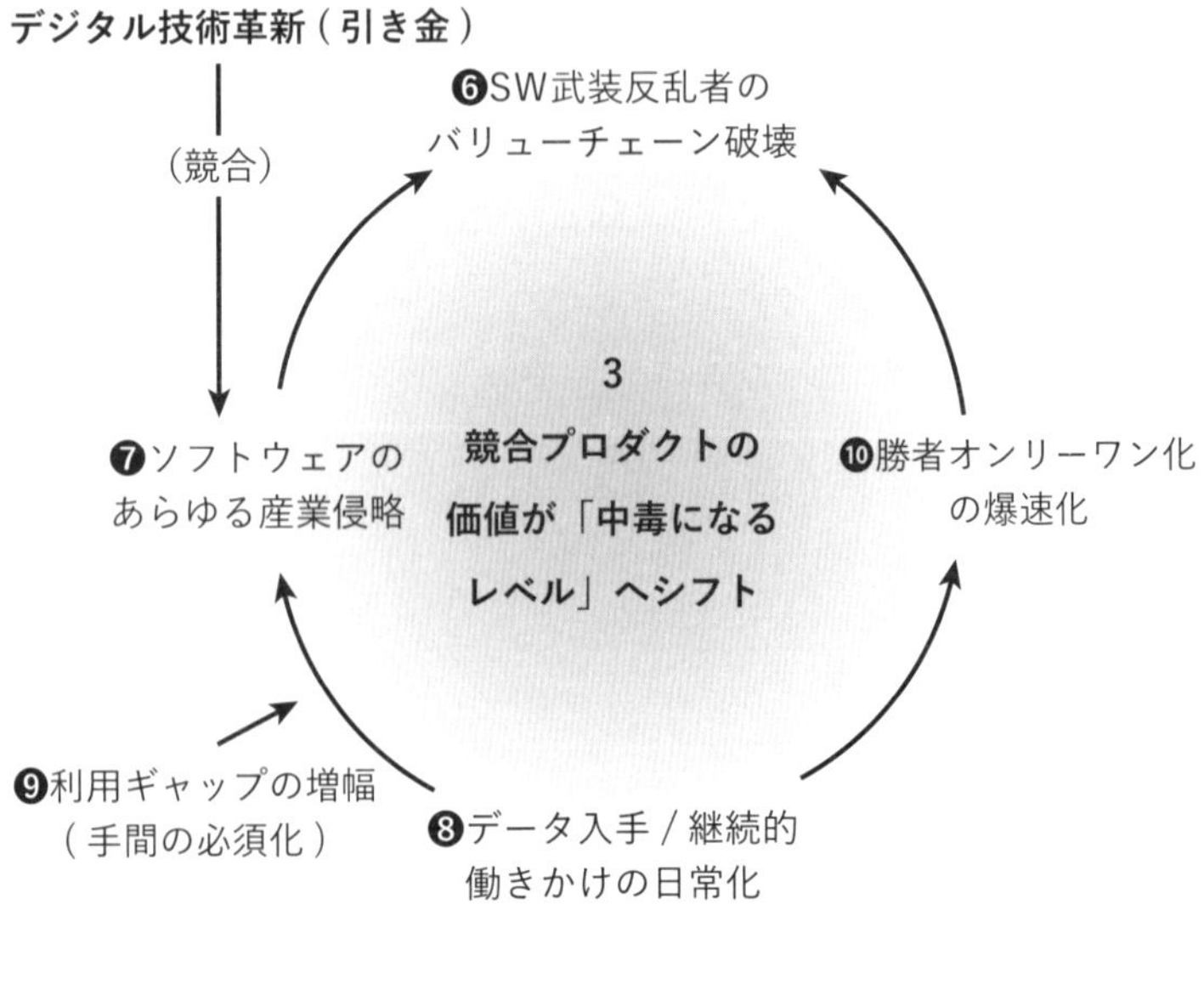

興味深い例は、米ドラッグストアチェーンのウォルグリーン（Walgreen）のポイント制度だ。約1億人のアクティブユーザーをもつ同社のポイント制度「バランス・リワード・プログラム」は、もとは購入金額に応じてポイントがたまる一般的なものだった。数年前から、医師が開発した理論に基づく行動変容トレーニング手法に基づき、運動や禁煙行動に対してポイントを付与する「ヘルシーチョイス」が追加された。運動したり、血圧や血糖値を自宅で測定したり、体重を記録する毎にポイントがつくのだ。フィットビット（Fitbit）など40種類以上の健康管理デバイスとデータを連携できて使い勝手もよい。

この事例で注目すべきは、ウォルグリーンがカスタマーの店舗外の日常的な行動データを継続的に入手している点だ。ドラッグストアに毎日行く人はいないが、散歩や体重測定データを毎日続ける人は多い。カスタマー個々人のプライベート情報である身体データ・行動データを、リワードに紐づけることでウォルグリーンは自然に取得している。それらのデータに基づき、来店を促す個別化された働きかけがなされるだろう。ユーザーにとっては、運動を継続する動機づけになるし、ウォルグリーンを使い続ける動機づけにもなる。

この⑧**「データ入手／継続的働きかけの日常化」**トレンドを必然性から加速させる要因が実はもう一つある。それは⑨**「利用ギャップの増幅（手間の必須化）」**だ。

図１-10で説明しよう。デジタル技術が進化すると、プロダクトでできることが加速的に増大し複雑化する。一方、人間が技術を利用する能力の向上には限界がある。その差が

「利用ギャップ」だ。プロダクトを活用してもらうには、この利用ギャップをいかに解消するか、つまりカスタマーが利用できる・利用し続けたいと思うための工夫・手間が非常に重要だ。具体的には、不要な機能を徹底的にそぎ落とす、初期費用や心理的な負担を極力減らす、使いこなせるまで丁寧に指導する、などである。そうした手間が必須になることから⑧**「データ入手／継続的働きかけの日常化」**が加熱するのだ。

⑧**「データ入手／継続的働きかけの日常化」**トレンドは、⑩**「勝者オンリーワン化の爆速化」**につながっていく。本章冒頭でお伝えした通り、筆者は本や日用雑貨など規格品を買う時は迷わずアマゾンへ行く。筆者のように「××なら〇〇」と決めている人は多いと思う。供給者間でこの「〇〇」の席とり合戦の勝負が決まる時間がどんどん短くなっている、それが⑩**「勝者オンリーワン化の爆速化」**トレンドだ。

ガートナーによると、19世紀後半に登場した電話網はユー

図1-10 利用ギャップ

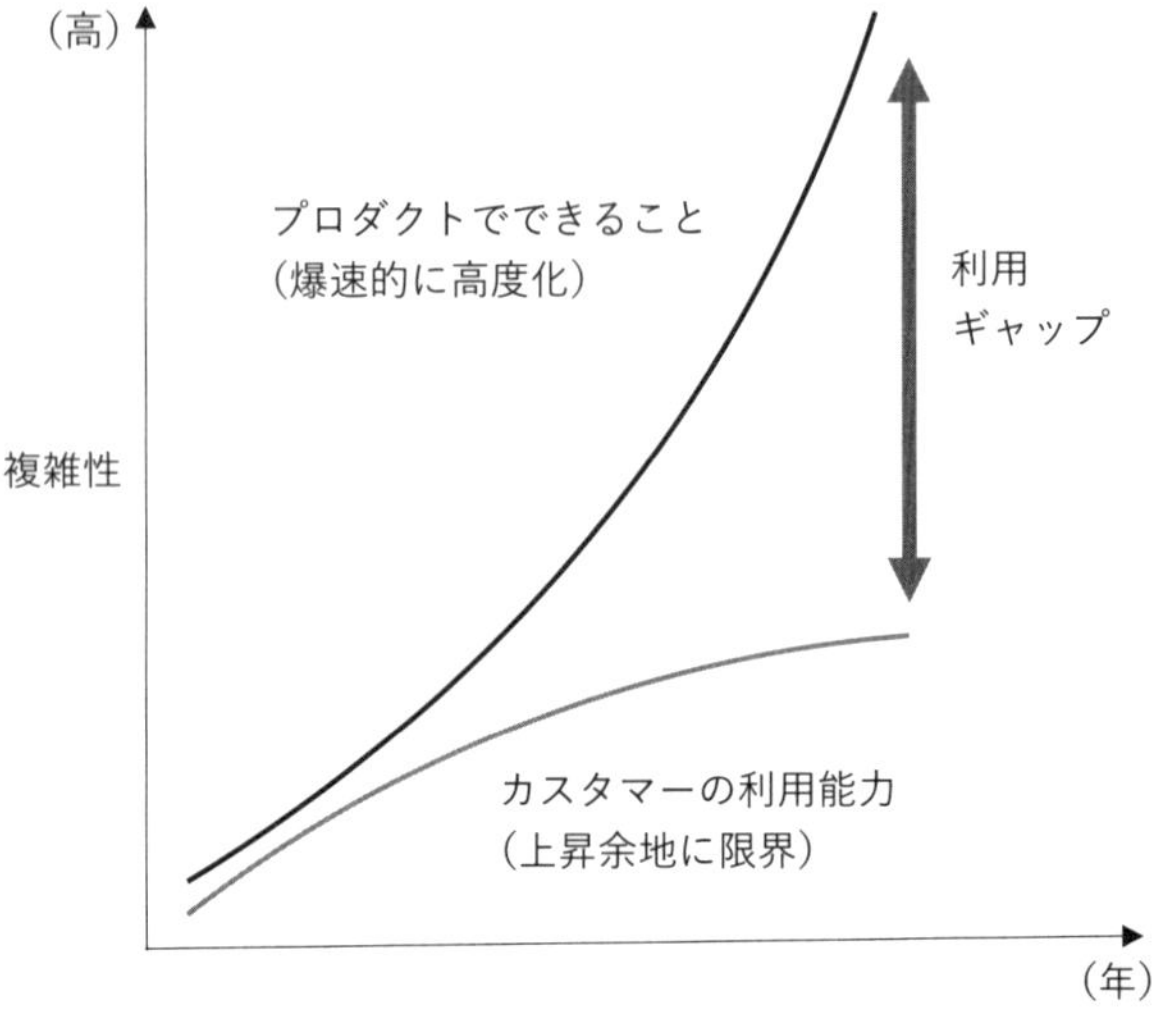

ザー1億人を獲得にするのに75年かかった。約１００年後の１９８０年代に一般公開されたインターネット網は7年でユーザーが1億人を超えた。２００４年にサービス開始したフェイスブックはユーザー1億人の獲得に4年かかったが、２０１０年に公開したインスタグラム（Instagram）はたった2年でユーザー1億人を達成した。

このように第３のループでは、アンドリーセン氏が２０１１年に予測した⑦「**ソフトウェアのあらゆる産業侵略**」が現実化するにつれて、取得できるデータの種類・量が桁違いに増える。少しでも絆を強めたい供給側で、⑧「**データ入手／継続的働きかけの日常化**」によるデータ争奪戦が加熱する。⑨「**利用ギャップの増幅**（**手間の必須化**）」はその加熱を後押しする。口コミが写真や動画で即座に伝播する現代は、⑩「**勝者オンリーワン化の爆速化**」でデータ争奪戦の勝負はあっという間に決まる。勝者となった⑥「**ソフトウェア武装した反乱者のバリューチェーン破壊**」は威力が増し、破壊されたバリューチェーンはソフトウェアに置き換わって一新されていく。

こうしたループが回る中で、**競合のプロダクト価値は中毒になるレベルへシフト**する。もしあなたが今後、勝者オンリーワンの席とり合戦に勝ちたければ、まずデータ争奪戦で優位にたち、カスタマーを知り尽くすことで、常に最新・最適化されたプロダクトを提供しなければならないということだ。

4. 競合のゴールがカスタマーのライフタイムバリュー最大化へシフト

第4のループは、第3のループから派生する。⑩**「勝者オンリーワン化の爆速化」**で勝ち残った企業が筆頭となり、取得データを更に拡充するため「ソフトウェア事業」から「ソフトウェア＋ハードウェア事業」へと守備範囲を拡大し始める、それが⑪**「ソフトウェア→ソフトウェア＋ハードウェア（取得データ拡充）」**トレンドだ。

今現在、特定の領域で競合が追随困難な圧倒的No．1を誇るデータ争奪戦の勝者は「GAFA（Google, Amazon, Facebook, Apple の略。ガーファ）」と呼ばれる4社だ。**図1－12**は、その4社のデータ項目別展開状況を主要プロダクト／サービスを中心に簡易マップ化したものだ。実は、GAFAが圧倒的な優位性を築いているのは「嗜好」データ項目でのことであり、他のデータ項目ではまだデータ争奪戦が繰り広げられている。「モノ（IoT）」データ項目や「健康／ウェルネス」データ項目で勝つには、ソフトウェア会社の彼らでもハードウェアやリアルな世界へ進出することが必要だ。実際、4社ともハードウェア領域へ守備範囲を広げることで、更に取得データを拡充しつつある。

供給者が取得データを拡充するほど、⑫**「時価エコノミー（ワクワク感の重視）」**トレンドに拍車がかかる。「実際に生み出した価値の大きさ」ではなく、「将来に生み出しそうな

図1-11 大波メカニズム：第4のループ

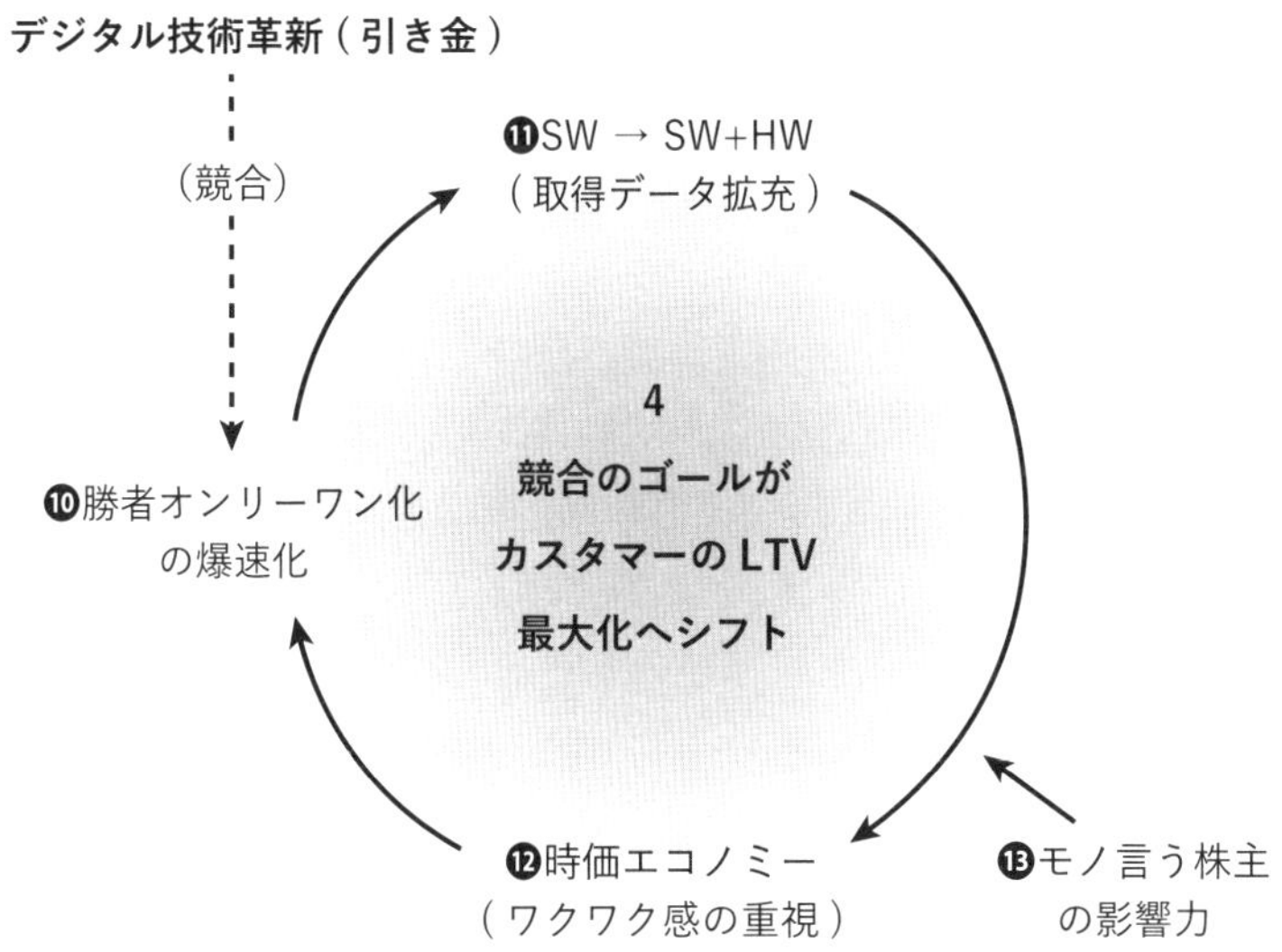

図1-12 データ項目別競合マップ

データ項目		Google	Amazon	Facebook	Apple
嗜好 (Preference)	・消費性向	・Gsearch ・Gmail,Gmap ・YouTube	・EC ・Kindle ・**Echo,Dash**	・Facebook ・Messenger ・Instagram	・iTunes ・App store
モノ (IoT)	・温度 ・圧力，重力 ・加速度 ・音	**・Google glass/lens** **・Waymo**	**・Drone** **・Amazon Go**		**・iPhone**
健康／ウェルネス	・体温 心拍 ・五感	**・Google Fit**		**・mixed reality (AR Platform, Oculus Rift)**	**・Apple watch**
マテリアル (IoM)	・熱 ・摩耗 ・分子				
神経科学	・脳神経				

（網掛け）圧倒的に競合優位なデータ領域　　細字　ソフトウェア
（白枠）優位性を構築中のデータ領域　　**太字　ソフトウェア＋ハードウェア**

価値への期待感の大きさ」が重視され、期待感の大きい所へマーケットの資金が集中するトレンドだ。

図1－13の時価総額世界ランキングを見てほしい。GAFA4社の時価を合計すると約2・9兆ドル、300兆円超の価値を市場が認めている。どれくらい大きいかというと、「実際に生み出された価値」である米国名目GDP21兆ドル（2018年）の14%、日本の名目GDPの57%（同）に相当する。時価ベースでは日本企業トップのトヨタ自動車16社分だ。なおトヨタ自動車に比べると、各社の時価総額は3～5倍高いが、売上は4社ともトヨタ自動車を下回り、純利益（Net Income）は半分に満たない会社もある。

要は「未来を変えてくれる期待感（ワクワク感）」の高い所により多くお金が集まる時代になったのだ。高い期待を寄せられた会社は、高い時価を利用して先端の技術を買収したり優秀な人材を採用したりするなど「未来の価値」を競合に先駆けて手に入れ、さらに期待値を上げていく。

このトレンドを加速させるのが、⑬**「モノ言う株主の影響力」**トレンドだ。モノ言う株主といっても、「ハゲタカファンド」などの呼称で敵対的なイメージを持たれた旧来ファンドのことではない。「新型アクティビスト」と呼ばれるファンド株主が台頭するトレンドだ。

新型アクティビストは旧来ファンドと2点で大きく異なる。一つは、直接的な攻撃は

図 1-13 時価総額世界ランキング（2019年2月末株価に基づく）

（単位：b$）

企業	時価総額	売上	純利益
1. マイクロソフト Microsoft	860	110	17
2. アップル Apple	816	266	60
3. アマゾン・ドット・コム Amazon.com	805	233	10
4. アルファベット Alphabet	781	137	31
5. バークシャー・ハサウェイ Berkshire Hathaway	496	248	4
6. アリババ・グループ Alibaba Group Holding	471	250	61
7. フェイスブック Facebook	461	56	22
:		:	:
42. トヨタ自動車 Toyota Motor	176	267	23

5倍（トヨタ自動車→アップル）
3倍（トヨタ自動車→フェイスブック）

GAFA（4社）計 2,864

※財務数値は2018年に期末月を迎えた年次決算より。数字は四捨五入、為替は1ドル=110円で換算

せず経営陣との面談や意見書の提出を求めるなど、あくまで友好的な態度で長期的な企業価値の向上を迫る点。その結果、他の株主の賛同を得やすいため保有株数が少ないのに大きな発言権をもっている点が二つ目だ。背景には、上場企業の数が減り（ナスダック登録企業数は1998年は5068社だったが2018年は3058社）、2008年のリーマンショックで多くの旧来ファンドが撤退を余儀なくされ、その後の世界的な金融緩和で新型アクティビストへ資金が集中している、という事情がある。

このように第4のループでは、⑩**「勝者オンリーワン化の爆速化」**で急成長した勝者が、新天地でのデータ取得合戦も制覇するべく⑪**「ソフトウェア→ソフトウェア＋ハードウェア（取得データ拡充）」**へと事業領域を広げる。すでに圧倒的なデータをもつ勝者の画期的なデータ戦略は⑫**「時価エコノミー（ワクワク感の重視）」**を刺激し、「未来を変えてくれる期待感」がより高い企業により多くの資金と優秀な人材が集まる。結果、期待される企業ほど大胆な選択肢が実行可能になり、⑩**「勝者オンリーワン化の爆速化」**へ還流していく。リーマンショック以降に存在感を示し始めた新たな⑬**「モノ言う株主の影響力」**は、将来への期待感を重視するトレンドに拍車をかける。

こうしたループが回る中で、**競合のゴールがカスタマーのライフタイムバリュー（LTV）最大化へシフト**する。

利用者は、より優れたプロダクトが登場して自分の生活や仕事環境が改善することへの期待感から自分の詳細データ（取引履歴・行動履歴など）を供給者がもつことを許す。供給者からすると、カスタマーから詳細データをもらい続けるには、常に将来を期待される存在であり続けなければならない。

以上が四つのループの説明だ。

各ループの中で影響し合う全13項目のトレンドは、本書では敢えて要点の説明のみに留めたが、一つ一つが深い説明を何時間もできるほど大きく重要なトレンドばかりだ。これら一つ一つを正しく理解することはデジタル時代に生き残るために必須である。その上でより大切なのは、一つ一つが影響し合うことで**押し返せない大波のようなトレンドのループが複数生まれ加速することから、リテンションモデルへのシフトが必然として起きる**という事実を認識することである。

1-3 リテンションモデルが日本に意味するところ

従来の勝者の競争優位性は価値を失う

好むと好まざるとにかかわらず、**デジタル時代の競争舞台はリテンションモデルへ不可逆的にシフトする**。残念ながら「シフトし（たく）ない」という選択肢はない。シフトしなければ生き残れないのだ。

利用者としては、安くて便利で何より楽しいサービスが次々登場するのは大歓迎だ。しかし供給者、つまり既存企業にとってリテンションモデルへのシフトは何を意味するのだろうか?――端的に言えば、**モノ売り切りモデルの勝者が誇った競争優位性が否応なく価値を喪失する**ことを意味する。

今もし「そういうことは過去にもあったよね？」と思われたなら注意してほしい。確かに、新しい技術の登場に伴って市場シェアＮｏ．１を誇る事業が一気に衰退を余儀なくされた事例は多い。音楽の世界では蓄音機が消え、レコードが消え、カセットテープやウォークマンが消えた。しかし今ＣＤが消えようとしていることをその延長線上に捉えると事実を見誤る恐れがある。なぜか？

――今おきていることは過去におきたことと全く異質だからだ。過去の衰退はすべて、モノ売り切りモデルの中で「新しいモノ」が「古いモノ」と入れ替わったにすぎない。仮にシェアＮｏ．１を誇るモノが価値ゼロになる危機的な状況に直面したとしても、経営者がモノの新旧交代の潮目を正しく見極めたならば、勝者として築いてきたモノ以外の競争優位性をテコに挽回・復活することが可能だった。しかし今おきている衰退は、これまでは不変の前提だったモノ売り切りモデル自体がリテンションモデルへ入れ替わることに伴うものだ。同時に勝者が拠り所にしてきた競争優位性も価値を失うのだ。

では従来の勝者の競争優位性とは具体的に何だろう？――リテンションモデルへのシフトに伴って価値を失う競争優位性のトップ３は以下のとおりだ。

一つ目は、効率よく統制のとれた**既存のサプライチェーン基盤に対する取引優位性**だ。モノ売り切りモデルでは、よいモノを企画・開発し、製造し、保管し、輸送し、店頭に並べ販売する、このプロセスがすべての事業活動の根底にある。そしてあらゆる企業がモノ

（自社プロダクト）を中心にこのプロセスを、より効果的かつ効率的にコントロールする手法を追求し、そのために必要な投資も重ねてきた。結果、効率よく統制されたサプライチェーンが社会インフラレベルで確立された。そしてシェアＮｏ．１のモノをもつ勝者は、このサプライチェーンの各所で相対的に強い取引優位性を誇った。

競争の舞台がリテンションモデルにシフトすると、既存サプライチェーン自体の価値が減退する。なぜなら、モノを従来のように店頭に並べて販売する必要性と重要性が激減するからだ。考えてみてほしい。かつて家電量販店へ出向いて大きな箱を買う必要があったソフトウェアは、今ではベンダーのホームページから直接ダウンロードできる。本や手紙や写真は電子化され、カメラや時計や音楽プレイヤーそして小型ＴＶまでスマートフォンに置き換わり、車はシェアすればよく、衣服やバッグやアクセサリーはレンタルでき、日用雑貨や食べ物・飲み物そして薬すらインターネットで注文すればほぼ即日に自宅で受け取れるようになった。

もちろん物理的なモノがゼロになる時代は永遠に来ない。モノの運び手やリアルな店舗はいつの時代も必要だ。むしろ**リアル店舗は今、素晴らしい買い物体験を提供する場としてより重要な顧客接点に進化しつつある**。勝者にとって問題なのは、**進化した顧客接点の新たな担い手が既存サプライチェーンを支えてきた企業ではない**可能性が高いという事実だ。この世界は新旧交代が大胆に進んでいる。つまり、勝者はかつて行使できた既存サプライチェーンへの取引優位性を失い、代わりに新参の競合と肩を並べて、新顔のサプライチェーン各社とゼロから関係構築する必要があるのだ。

冒頭のプロローグで紹介したウォルマートは、少なくとも現時点で、モノ売り切りモデルの商取引56兆円（２０１８年）を支える既存サプライチェーンの代表格だ。その彼らが商取引25兆円（同）のアマゾンに怯えている。この事実からも、既存サプライチェーンの価値喪失がすでに起きている未来であることが伺える。

二つ目は、**情報の非対称性に守られた経済取引のコントロール権**だ。これは先述の大波トレンドの一つである「経済取引の選択権が利用者へシフト」とほぼ同義だ。モノ売り切りモデルでは、企業は利用者へ届ける情報をそれなりにコントロールできた。つまり、モノ（自社プロダクト）の良い所をアピールし、知らせたくない情報は露出を抑えることがある程度可能だった。さらに資金の豊富な企業なら、露出の高いマーケティングチャネルを介し効果的なイメージを伝達することで、利用者の行動さえ、ある程度コントロール可能だった。

競争舞台がリテンションモデルにシフトし、利用者がよりスマートに情報を発信したり入手したりするようになると状況は一変する。一般消費者が個人的なモノ体験を率直に語るコメントはすでにインターネット上にあふれている。中でもユーチューブなどの動画は非常に影響力のある情報源だ。たとえば、ネットショップから届いた箱を開けて一つ一つ商品を取り出しながらその感想を紹介する「Unboxing（開封の儀）」と呼ばれる動画がとても人気で、有力なユーチューバーも登場するカテゴリーに成長している。**図1-14**は、D2Cのワービー・パーカー（Warby Parker：メガネのブランド）をUnboxするユーチューバーのリー・アン氏による動画の一部だ。こうした動画カテゴリーは高い視聴数を誇り、なんと米国では月商100万ドル（約1億円強）を稼ぐ5歳児ユーチューバーもいる。

また、モノの実体験に基づく一次情報に加え、従来はモノと切り離されていてあまり関心が払われなかったサービスや企業活動そのものについても、詳細な情報が写真や動画で、ツイッターなどのSNSを通じて即座に知れ渡るようになった。特に当事者である企業としてはむしろ露出を抑えたい、良い印象を与えない情報ほど、バイラル効果で世界中に瞬時に伝搬する。直近1年だけでも、オーバーブッキングに伴う乗客への対応の悪さを映した動画が「炎上」したユナイ

図1-14 Warby Parker の Unbox 動画（一部）

テッド航空や、CM動画が差別的だと批判され中国市場での事業機会を数時間で失ったドルチェ&ガッバーナ（世界的ファッションブランド）など、企業の存続すら危ぶまれる事例があったことをすぐ思い出せるだろう。

このように、勝者が既存のマーケティングチャネルとの取引関係や豊富な資金力をもって情報をコントロールできた時代は終わりを迎えている。勝者こそ、都合のよい情報コントロールは不可能になったのだと覚悟を決め、ターゲットに対し最適なメディアで最適なメッセージを伝えるための新しい手法を身につける必要がある。しかし、そうした手法は通常、新参の競合の方が優れていることが多いため、かつての勝者は強みを失うのと同時に脅威にさらされることになる。

三つ目は、**モノ自体への知覚価値に基づくブランド力**だ。これは先述の大波トレンドの一つである「世の中の値付け標準が成果ベースへシフト」と密接に関連する。モノ売り切りモデルでは、モノ自体、あるいはモノを所有することに価値が存在した。企業は、利用者がより買いたくなる・所有したくなるモノを、品質と価格とデザインを追求して世の中に供給し続けた。そして、より多くの人が買いたくなるヒット商品（モノ）を売る勝者は、誰もが欲しがる・憧れるモノを提供する企業として強いブランド力を手に入れた。

競争環境がリテンションモデルにシフトし、モノを所有すること自体の価値が薄らぎ、利用体験やその体験から得られる成果へ価値がシフトするにつれ、かつてのブランド方程式は一気に効力を失う。分かりやすい例をあげるなら、みんなが憧れた高級車だ。今日では、特に若者ほど車を所有することに興味を示さない。それは車というモノブランドが、より強く興味をひく他のモノブランドに入れ替わるからではない。そもそもモノを所有することへの価値が相対的に落ちるからだ。

モノの価値を象徴するブランドはやがて価値が限りなく無になるだろう。モノ売り切りモデルの勝者は、仮にモノを作り続けるとしても、モノの価値ではなく、モノにまつわる体験や成果といったコト自体の新しい価値を提供できなければ、利用者からその存在すら忘れられる日がやがてくる。

以上、リテンションモデルへのシフトに伴い価値を喪失する勝者の競争優位性について説明した。モノ売り切りモデルでは、可能な限り大ヒットする商品を開発し、可能な限り数多くのモノを売り、可能な限り早く固定費を回収すること、それを上述の競争優位性を総動員して競合より優位に進めることが成功方程式だった。しかし、リテンションモデルではこの方程式自体が通用しなくなる。それこそが、今CDが音楽市場から消えようとしていることの背景にある事実なのだ。

新しい競争舞台での勝者はなぜそれほど強いのか?――その強さの秘訣は「プロダクト

を買ってくれたカスタマーが、それをどう使い・どんな成果を得ているのかを深く理解し、カスタマーへ成功を届けることで、カスタマーがそれ無しでは生活／仕事にならない（ファンになる）状態にしている」こと。つまり、先の大波を逆に追い風にできているのだ。

モノづくりの世界にも大波がやってくる

従来の勝者は、リテンションモデルへのシフトを対岸の火事（海外のできごと）とか、「天才的な創業者が現れるソフトウェア業界の話」と思うかもしれない。そう思いたい気持ちは分かるが、残念ながら現実は違う。なぜならシフトの背景にはデジタル化に伴って社会が、利用者が、競合が、相互に影響し合って巻き起こす大波が存在するからだ。あらゆる業界がデジタル化を避けられないのと同様、リテンションモデルへのシフトからは誰も逃れられない。そしてそれはモノづくりの世界も例外ではない。

デジタル化がどれほど進もうとも、人は家で暮らし、移動し、人と会い、モノを買う。そうした変わらない人の営みの中で利用されるモノは姿・形を変えて残り続ける。しかし人が価値を見出す対象はモノから人の営みを取り巻くサービス（コト）へシフトする。なぜなら、サービスの世界こそがデジタル技術によって大きな扉が開く世界だからだ。そしてモノづくりは大きな変化を余儀なくされる。

図1-15は、車の世界を例に起きつつある未来をこれまでとの比較で模式化したものだ。対価を払うのは所有者から利用者へ、価値の源泉はモノ（車）からコト（モビリティという成果）へシフトする。同時に、取引の主導権を握るのは車メーカーではなく、モビリティサービスの提供者へシフトする。図は例としてウーバーのロゴを付したが、今後さらに優れたモビリティサービスが現れる可能性は高い。デジタル技術を使って人のモビリティに関わる詳細データを入手し、そこから利用者のモビリティニーズへの洞察を引き出して、優れたサービスを展開できる企業が主導権を握るのだ。

ここでモノづくり勝者が最も注目すべきは、これからも**モノづくり自体は永遠になくならないが主導権を握る座は失う**という点だ。これまで所有者から支持されたブランドを御旗に行使できたパワーは残念ながらすべて失う。そして新たに登場する優れたサービスを提供する企業に選んでもらう位置に転じる。なぜなら、リテンションモデルで人びとが重視するのはモノのつくり手よりもサービスの担い手だからだ。考えみてほしい。電車に乗る時に「JRで行く」とは言うが、「（JRの車体メーカーである）日立製作所で行く」とは言わない。「ウーバーで来た」とは言うが、「（ウーバー運転手の車のメーカーである）ベンツで来た」とは言わないのと同じだ。

次に重要なのは、モノを選ぶ主体が所有者からサービス提供者へシフトするのに伴い、モノが選ばれる基準が変わる点だ。所有欲を刺激する必要性はもうない。ライドシェアサービスで言えば、自家用車ではありえない、非常に短期間に長距離走行される環境でも品質を保てる耐久性や信頼性がより重視される。さらに中国やインドの車メーカーがより戦うコスト競争力も必須になるだろう。

「車メーカーが優れたサービスを提供すれば主導権を維持できるのでは？」と思う方もいるだろう。答えは「可能、かつ大いに期待したいが、ハードルは限りなく高い」だ。最大のハードルは二つ。一つは、**車（モノ）とつながったカスタマーのモビリティ（コト・成果）データの取得、もう一つは同データを活用したソフトウェア（コト・成果）の提供**だ。

車メーカー最大の拠りどころである「車（モノ）」を活かした画期的なモビリティサー

図 1-15 車の世界で起きつつある未来

これまで

自動車メーカー（OEM）が主導権を握るピラミッド構造
・所有される車へのニーズ洞察
・車の利用のされ方は知らない

これから

サービスプラットフォーマーが主導権を握る多層構造
・成果ニーズへの洞察が価値源泉
・車と人の移動情報すべてを把握

■ 主導権を握るレイヤー

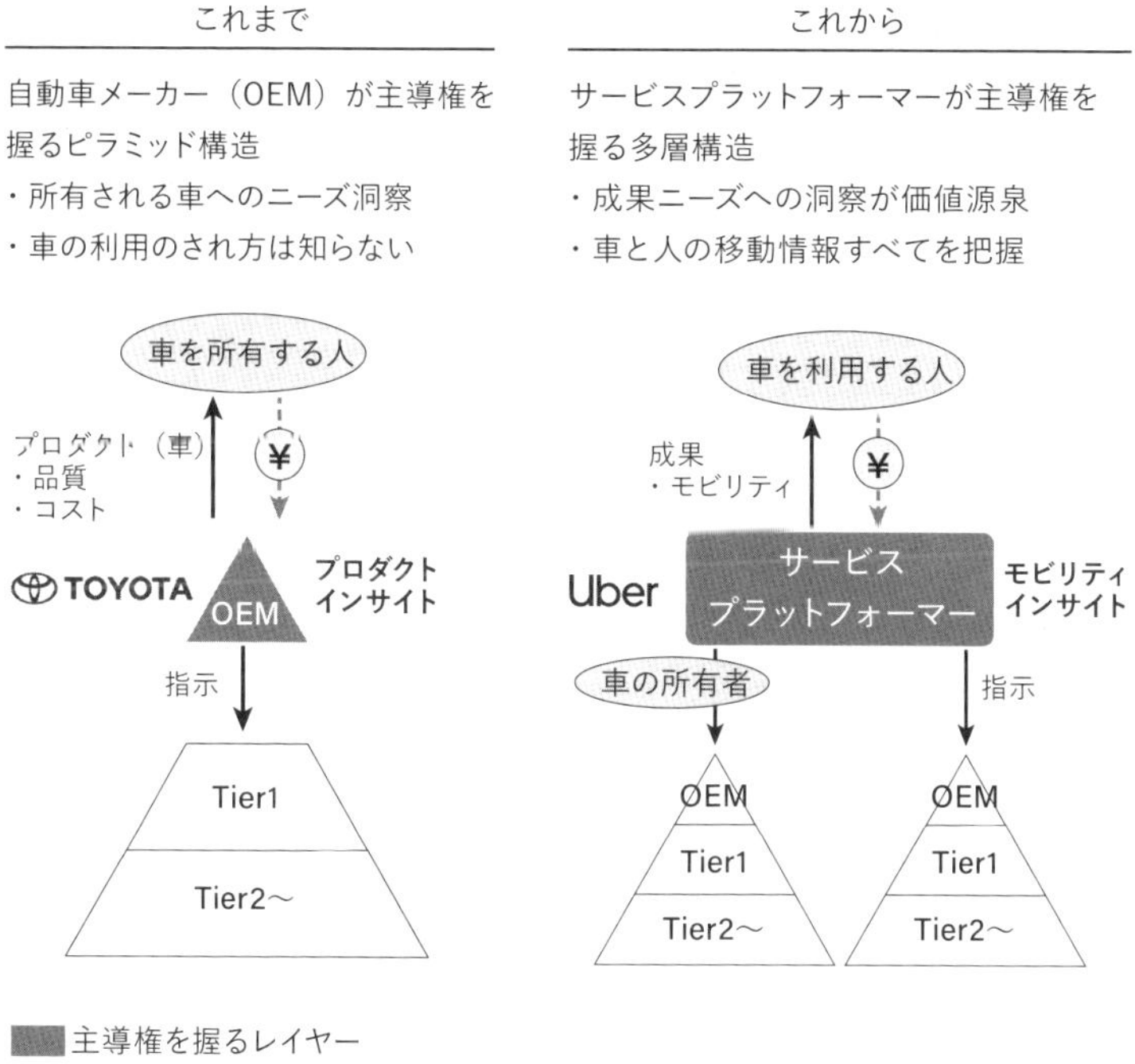

ビスを開発するには、「モノ」×「コト・成果」の膨大なデータが必要だ。なぜなら、リテンションモデルではカスタマーのコト事情をより深く理解することが何よりも必須だからだ。しかし従来の車メーカーはコトデータを取得してこなかった。モノ売り切りモデルの勝者にとって、モノを売った後に誰がどうモノを利用しているのかを詳細に知ることは二の次だからだ。そもそも部品点数が膨大な車体にセンサーを取り付けてデータをとること自体、技術的にも簡単なことではない。コトデータ取得に必要なセンサー等を搭載する車が登場したのは、優に100年を超える自動車の歴史の中でつい最近のことだ。テスラ（Tesla）が初モデルのロードスター（Roadster）を発売したのは2006年、グーグルがウェイモ（Waymo）の商用運用を始めたのは2016年12月。タイヤにセンサーを取り付けるIoT構想もあるが、一般乗用車への普及は少し先のことだろう。

今現在、最も豊富なモビリティデータをもつのはウーバー（2009年創業）やリフト（2012年創業）などのライドシェアサービス会社だ。彼らのサービスは、運転者も利用者もアプリの起動が利用時に必須なため、スマートフォンをセンサーとして活用することで、ある程度精度の高いデータを日々蓄積している。しかし彼らのデータは車（モノ）と切り離されている。そして彼らは車メーカーではない。将来、彼らがより優れたサービスの追求を目的に、スマートフォンから取れる以上の詳細なデータを求めてOEMメーカーに独自規格の車を発注する可能性はある。しかしプラットフォーマーである以上、自前で車を製造・販売する可能性は極めて低いだろう。

「車メーカーが優れたサービスを展開して主導権を握る」シナリオに、データとソフトウェアという観点から現時点で最も近いのはテスラだ。日本では自動走行という運転支援機能で知られるテスラだが、実は同社は車（モノ）とつながったモビリティ（コト・成果）データを現時点で最も多く保有している。さらに注目すべきは、彼らは車メーカーでありながら（正確にはバッテリーメーカーだ）、その実態はソフトウェア企業に限りなく近いという事実だ。その意味を補足したい。なお私事で恐縮だが、筆者は家族がテスラ・モデルSを所有し毎日利用している。その体験もおりまぜて、「テスラは膨大なデータを所有するソフトウェア企業だ」と考える理由を以下に紹介する。

①モノとつながったコトデータを膨大に取得し続ける（そして所有者はそれを許している）

筆者が初めてテスラ車に乗った時の衝撃は今でも鮮明だ。それは「車の形をしたPCに乗る」感覚というべき全く新しい体験だった。最たるは自動走行、そして縦列駐車も自動でしてくれる。

図1-16は米国サンフランシスコの高速道路を自動走行中の運転席だ。インパネの数字（71）はマイル表示の時速（113km）だが、ハンドルに手が置かれていないのがお分かりだろう。自動走行中は前方を凝視せずにすむため、スマートフォンを見たり電話で話し

たりして時間を効率的に使える。何より疲れ方が全く違う。この写真を見せると驚く日本人は多い。自動走行は試用中の機能だと思っている人が多いからだ。現実は、非常に多くのテスラ車が米国ではすでに日常的に自動走行している。

革新的な自動運転は、裏を返せばそれに必要な光学カメラ8機、超音波センサー12機、前方ミリ波レーダー1機、NVIDIAドライブ（見て、考え、学習する自動車を実現する多層ニューラルネットワークを運用するように設計された高性能自動操縦車載コンピュータ）が、走行中に膨大なデータを常時取得していることを意味する。即ち、道路左右の白い車線からの距離、動的障害物（前方・左右の車）からの距離、秒単位の加速度など、グーグルマップレベルの大まかな位置データとは各段に差のある詳細な走行（コト）データをカスタマーの車単位で取得し続けている。

2017年9月の大型ハリケーン（イルマ）が接近した時にテスラがとったある行動は、人びとにその事実を突き付けた。テスラは、ハリケーンの被害にあう可能性の高い地域に

図1-16 自動走行中のテスラ車の運転席

いるすべてのテスラ車を特定し、危険地域から無事避難できるようバッテリー容量を無線で一時的に一律増量したのだ。所有者は自分のテスラ車のバッテリー容量が増量されたことを車載モニターの表示で知った、つまり事前承諾はとられなかったのだ。この事実は賛否両論を巻き起こした。バッテリー容量のアップグレードは通常有料だが、危険が迫る所有者へ一時的とはいえ無料で提供することを即決した英断を称える声。一方、どの車が今どこにいてどんな状態なのかをリアルタイムで特定し、車の心臓ともいえるバッテリー容量を所有者に断りなく車単位でコントロールした（この時は増量だが逆に減量も可能だ）ことへのプライバシーを懸念する声だ。さて、もし皆さんが当事者だったらどう思われるだろうか？

②売った後も機能を最新・最適化し続ける

テスラ車にはエンジンがない、つまりイグニッションキーでエンジンに着火をしない。その代わり、ＰＣと同様に電源をオンにしてソフトウェアを立ち上げる。運転中はＰＣ画面大のタッチパネル式モニターで地図ナビゲーションなどの専用アプリケーションを利用できる。またスマートフォンやアップルＩＤ経由で車がクラウドにつながるため、自分のスケジュールや連絡先、聴ける楽曲、電話など、すべて車載の大画面モニターとスピーカーで利用できる。まさに「車の形をしたＰＣを操っている」感覚だ。時には、最適化された最新のソフトウェアに自分が操られている感覚すらある。

偶然だがこれを書いていた今朝、夫がスマートフォンを眺めながらこう叫んだ。「信じられるかい？　テスラを買ってもう4年たつけど、今日また一つ新しい機能が追加されたよ！　最新アプリで座席のヒーターを（乗る前に）調節できるようになった。もうこれで君が毎朝テスラに乗った直後に寒がるのを見なくてすむね」。図1－17はその時に夫が見せてくれたアプリ画面だ。リアルタイムの車内温度と座席ヒーターの温度調節の状態が表示されている。

スマートフォンのアプリだけでなく、車を制御するソフトウェアも無線経由で頻繁にアップデートされる。通常、夜間に自動アップデートされ、翌朝立ち上げた直後のモニターに現れる「ソフトウェアがアップデートされました」という表示でそれを知る。例えると、ＰＣのＯＳやアプリケーションソフトウェアが定期的に更新されるのと同じだ。また、車の加速時間を10％短縮できるルーディクラスモードなどへの機

図1-17 テスラのアプリ画面例

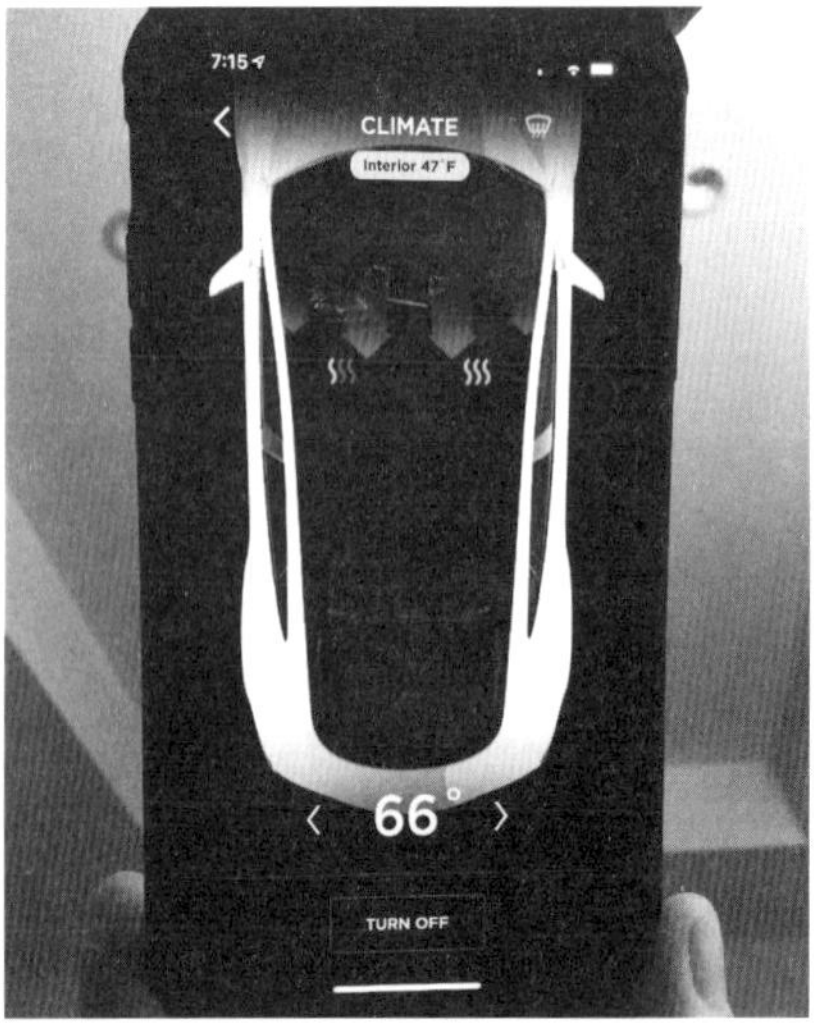

能アップグレードも無線経由のソフトウェア更新で提供される。さらに、車に問題が生じた時はリモートサービスセンターへ電話をすると、電話口の技術エンジニアが無線経由で直ちに車の状態を遠隔レビューし、ソフトウェアで対処できる問題はすべてオンラインで解決してくれる。つまり車を物理的にいじることなく、**ソフトウェアの制御で車の機能が常に最新状態に更新・最適化され続ける**のだ。それも、単なるモノとしての性能アップに加え、カスタマーのコトデータに基づいた、正に「カユイ所に手が届く」と感じる最新・最適化がとても多い印象だ。

こうしてテスラは従来の車メーカーが取っていない車の利用データを日々取得し続けている。そして、より素晴らしいコト・成果を届けるためにソフトウェアをいつでも車単位で制御できるのだ。

ここからは筆者の推測だ。いつかテスラは、その膨大なデータとソフトウェアの力を活かした画期的なサービス事業を展開するだろう。利用履歴に基づく予防メンテナンスサービスや、運転特性から導かれる事故リスクに基づく自動車保険サービスなど、他業界で既知の事業は検討も容易だ。車体（ハードウェア）は共有物を用いつつ、ソフトウェアはパーソナライズされた車のレンタルないしサブスクリプションサービスなども興味深い。出張先や旅先で所有車と全く同じ状態のソフトウェアで動くテスラ車を利用できるリービスだ（夫は喜んで利用するだろう）。また、運転中の乗車者に向けたコンテンツサービスやメディアサービス、さらに航空会社らと連携した移動サービス全体を革新するサービスにも期待したい。このようにモノとつながったコトデータとソフトウェアがあれば、そこから広がる優れたサービスの可能性は無限にあるのだ。

以上が、テスラは車メーカーだがソフトウェア企業に限りなく近いと考える理由だ。仮に、モノ売り切りモデルで百戦錬磨の車メーカーが、テスラと同じ方向に今から猛進して優れたサービスを提供したならば、「車メーカーが優れたサービスを展開し主導権を握り続ける」シナリオは実現するだろうが、果たしてできるだろうか。それが先に述べた「可能で大いに期待したいが、ハードルは限りなく高い」の真意だ。

日本企業は成功の自縛を解く必要がある

本章の最後に、蛇足を承知で強調したいことがある。それは、リテンションモデルに対峙すると成功の自縛に囚われる日本企業が多いということだ。日本企業の幹部層のよくある反応はこうだ。「うちの事業はサブスクリプションではありません（だから大丈夫ですよね?)」、「うちの事業の7、8割はクラウドベースの事業ではありません（だから安心ですよね?)」。冗談ではなく、真剣な顔つきで言われる。デジタル技術の革新に伴う大波メカニズムの説明に大きくうなずいて理解を全身で示す人の口からこういう言葉がでるのだ。筆者の説明が悪くて正しく理解してもらえなかったのだろうか?

——いや、そうではない。頭では正しく理解しても、心が理解したくないのだ。

繰り返すが、サブスクリプションモデルかどうか、クラウド事業かどうかは問題の本質ではない。重要なのは、デジタル時代の競争舞台がリテンションモデルへ不可逆にシフトしており、あらゆる業界はそこから逃れられないという事実だ。ゆえに**モノ売り切りモデルの勝者ほどその事実を心理的に受け入れ難い**。理由はシンプルだ。

一つは、企業組織に働く「**慣性の法則**」。物体は特別な力が外から働かない限り今の状態を保とうとする性質がある。これが企業組織にも同様に働く。勝者にとっては今の状態が限りなく永遠に続くことが何より望ましい。無駄なエネルギーが要らないとても快適な状態だ。下手にブレーキをかければ、急ブレーキで車内の乗客が倒れるように、社内に混乱が生じるのは火を見るより明らかだ。

二つ目は、人びとの無意識層に染みついた「**勝者のマインドセット**」。マインドセットとは、過去の経験や先人の教えなどから形成された思考様式・心理状態などが多面構造で心に刻まれたものだ。平たく言うと、こういう時はこうして成功したという実体験や、こういう時はこうすべきだという暗黙の了解など、瞬時の判断や行動を無意識に左右する価値観・判断軸である。どの企業にも大なり小なり一定のマインドセットが共通の価値観として存在する。そしてモノづくりの勝者ほど、モノ売り切りモデルの世界で究極域まで最適化されたマインドセットが浸透している。そういう企業の人たちが未経験な未知の問題に接すると、必ず自分の頭と一体化したマインドセット、即ちモノ売り切りモデルでの成功体験に立ち戻って問題を理解し正解を導こうとする。結果、彼らの辞書に載っていないリテンションモデルは、理解の対象外においやられるか否定されるのだ。

モノづくりの勝者が、「データがとても重要だと分かりました。うちのプロダクト（モノ）にセンサーを付けて可能な限り多くのデータをとります。データの活用はサービス企業の方が得意でしょうから、彼らにデータを共有（販売）します」と自信満々に言うのを時々耳にする。これこそがモノ売り切りモデルの典型的なマインドセットだ。つまりモノ起点の発想そのものなのだ。まずモノがあり、そこからどんなデータを取得でき、どう活用（収益化）できるかを考える。一方のリテンションモデルはカスタマー起点に発想する。まずあなたのカスタマーがいる。彼らが実現したいコトや成果・成功は何か、それにはどんなデータが必要かを考える。お分かりだろう。モノづくりの勝者の典型的なマインドセットはリテンションモデルで必要な発想アプローチと真逆なのだ。

三つ目は、変化に必要な「**自己否定への拒否感**」。仮に先の2点、即ち慣性の法則と勝者のマインドセットを克服できたとしよう。その後で実際に変化を起こすには、勝者として維持してきた強みを否定しなければならない。先述の「モノの価値に基づくブランド力」の例で説明すると、世界に知れ渡る強いブランドを築くのに心血を注いできた人たちにとってそのブランドの価値が消滅する、という事実を受け入れるには自己否定に近い痛みを伴う。また頭脳の一部として誇ってきたブランド方程式がその効力を失う、という事実を受け入れるにはアイデンティティ喪失に近い感覚が不可避だ。社内だけではない。社外の苦楽を共にしてきた既存チャネルを否定する戦略へシフトする時がいつか来る。その時は彼らとの信頼関係を壊しにいく覚悟が必要だ。人間はそれほど強くない。変化を前に「いやだな（知らずにいたい）」という気持ちが働くのは極めて自然な生理反応なのだ。

従って、敢えて強調する。リテンションモデルを前に成功の自縛に囚われる日本企業は多い。しかしそれは命取りだ。モノ売り切りモデルで勝ってきたモノづくり大国こそ、意識して成功の自縛を解かねばならない。なぜなら、デジタル時代に世界を相手に事業をする企業はリテンションモデルから逃れられないからだ。ではいったいどうすればよいのだろうか？——その答えが「カスタマーサクセス」だ。

第2章

カスタマーサクセスとはいったい何か

2-1

買ってくれたお客さまへ成功を届けるカスタマーサクセス

カスタマーサクセスの本質

「サザエさんにでてくる三河屋の三平さん、分かりますか？　彼がしていたことの現代版ですよ」

「カスタマーサクセスって、いったい何ですか？」と聞かれた時、筆者はこう説明することがある。長谷川町子の『サザエさん』を知る世代はピンとくるようだ。ご存知ない方のために説明すると、地域に密着した三河屋さんで働く三平さんは、お客さんの家を定期的に訪問して注文をとる。サザエさんの家にも「こんにちはー、三河屋でーす」と言って裏口からひょいと顔をだし、「先月はお醤油の注文がなかったですけど、そろそろ切れる頃ではないですか？」とか、「〇〇という新商品がでましたが、試してみませんか？」といった具合に注文をとっていく。

「なんだ、御用聞き、要はルート営業のことか⁉」と思った方は、誤解しないよう注意してほしい。「現代版」と付記した通り、**三平さんがしていた仕事はカスタマーサクセスではない**。つまり、**カスタマーサクセスは「御用聞き」でも「ルート営業」でもない**。しかしその本質には共通点がある。その共通点と相違点について本章の冒頭で説明したい。なぜなら、この点はカスタマーサクセスの本質に関わる、決して誤解してほしくない重要なポイントだからだ。

米国では、カスタマーサクセスは「**農耕（ファーミング）**」であって「**狩猟（ハンティング）**」ではない、という説明がよくされる。筆者の経験によると、この説明は「新規顧客をハンティングすることではない」という点が分かりやすい一方、「お客さまとの関係をファーミングすることだ」という点が日本企業の皆さんには今一つピンとこないようだ。「関係を農耕するって、いったい何をすることだ？」という反応が多い。むしろ「三河屋の三平さんのしたこと、ただし現代版」と言う方が理解されやすい。恐らく、三平さんの仕事とカスタマーサクセスとに、根本的なところで共通点があるからだろう。

共通点を一言でいうと「**商《あきな》いは買っていただいた後が大切」という基本精神**だ。図2-1はその精神を論理的に分解している。とてもシンプルだ。一度でも買ってくれたお客さまとよい関係を続けることで「1．最初の商いの継続」を最大化し、「2．減った商い」を最小化し、「3．増えた商い」を最大化する。そうすることで、一度買ってくださったお客さまからの商いを最大化するという考え方だ。三河屋の三平さんは、お客さんの家の裏口を開けて顔を出せる関係を築き、いつもの商品を継続的に買い続けてもらうことに加え、新商品や他のカテゴリーの商品も紹介して買い増しを促した。

長谷川町子が描いたサザエさんの舞台である昭和の商店は、この精神が自然と行動に結びついていた。筆者が小学生の時によく行った駄菓子屋のおばちゃんは、どの子がどの学校の何年生でどの駄菓子が好きかをよく知っていた。八百屋や魚屋や肉屋のおじちゃんは筆者の母の顔ばかりか、会ったことのない父の好物も知っていて、良い品物が入るとよくオマケしてくれた。わが家が特別だったのではなく、そういう商売の仕方が当時は普通だった。

いったいなぜこれが消えたのか？——それは経済発展に伴いそうした商店が消えて大企業の小売り店舗に入れ替わり、

図 2-1 買ってくださったお客さまへの商いの構造

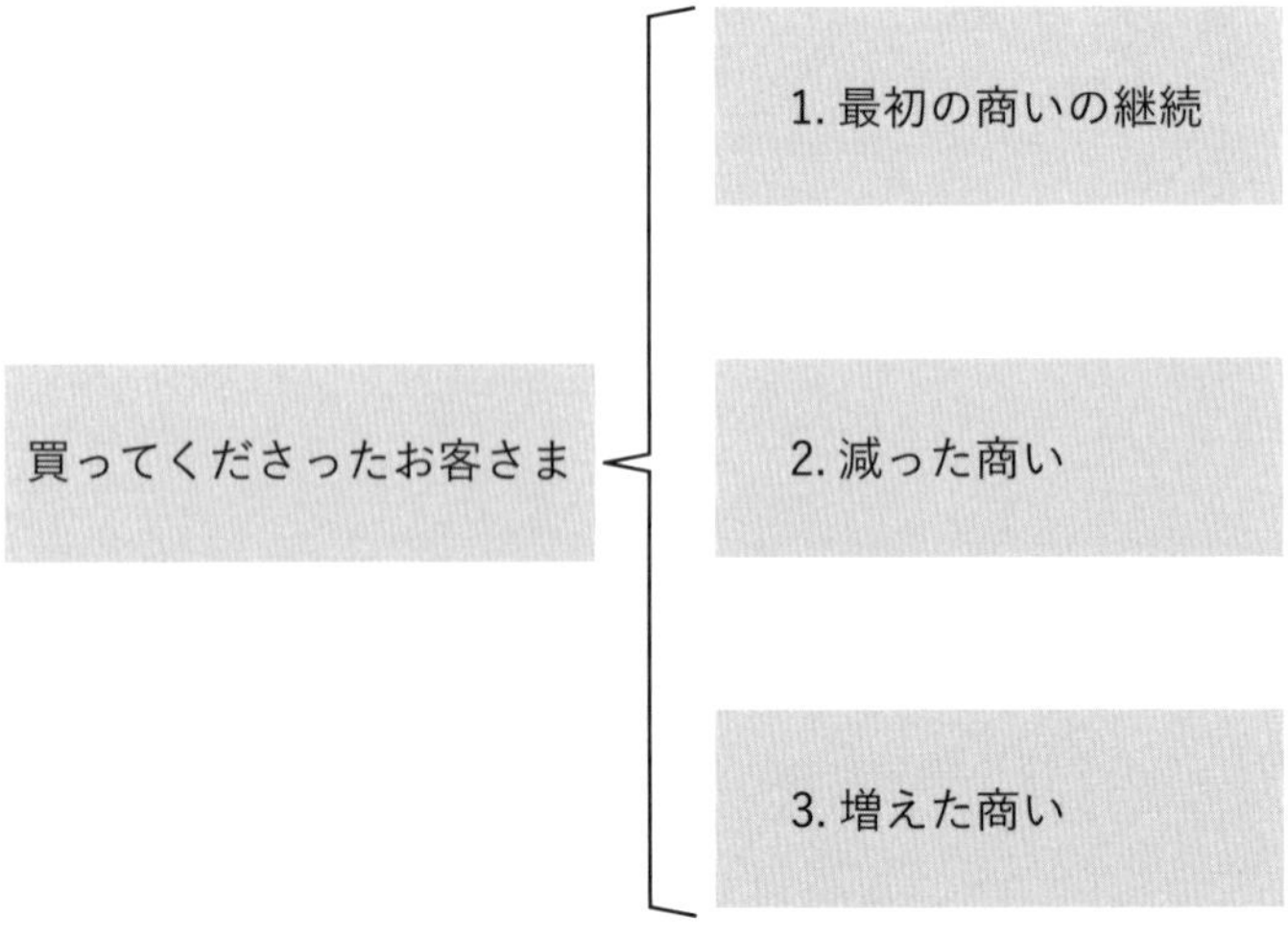

大企業が効率を重視して分業を推進したからだ。つまり大企業が**モノ売り切りモデルを追求した結果、お客さんの顔を見なくなり、やがてお客さんの顔が見えなくなってしまった。**しかし「商いは買っていただいた後が大切」という精神自体は日本人の心の中に生きている。そしてリテンションモデルではこの精神が何より重要だ。

　この精神に関する現代版の説明をしたい。が、その前にいくつかキーワードを説明させてほしい。カタカナで恐縮だが、日本人を含むカスタマーサクセスに携わる人たちが日常的に使う基本用語であり、多くの資料や記事でも頻出するため、馴染んでほしいという想いを込めて本書でも利用する。その基本用語は**図2－2**にある各箱の下段に記したカタカナだ。「カスタマー」は、一度でもお金を払ってプロダクト（含むサービス）を買ってくれたお客さま、つまり既存顧客のことだ。Customer の直訳は顧客なので「既存カスタマー」と言うこともあるが、カスタマーサクセスの世界では「既存」を省略し、英語でも日本語でも単に「カスタマー」と言う。

図2-2 カスタマーサクセスの基本用語（その1）

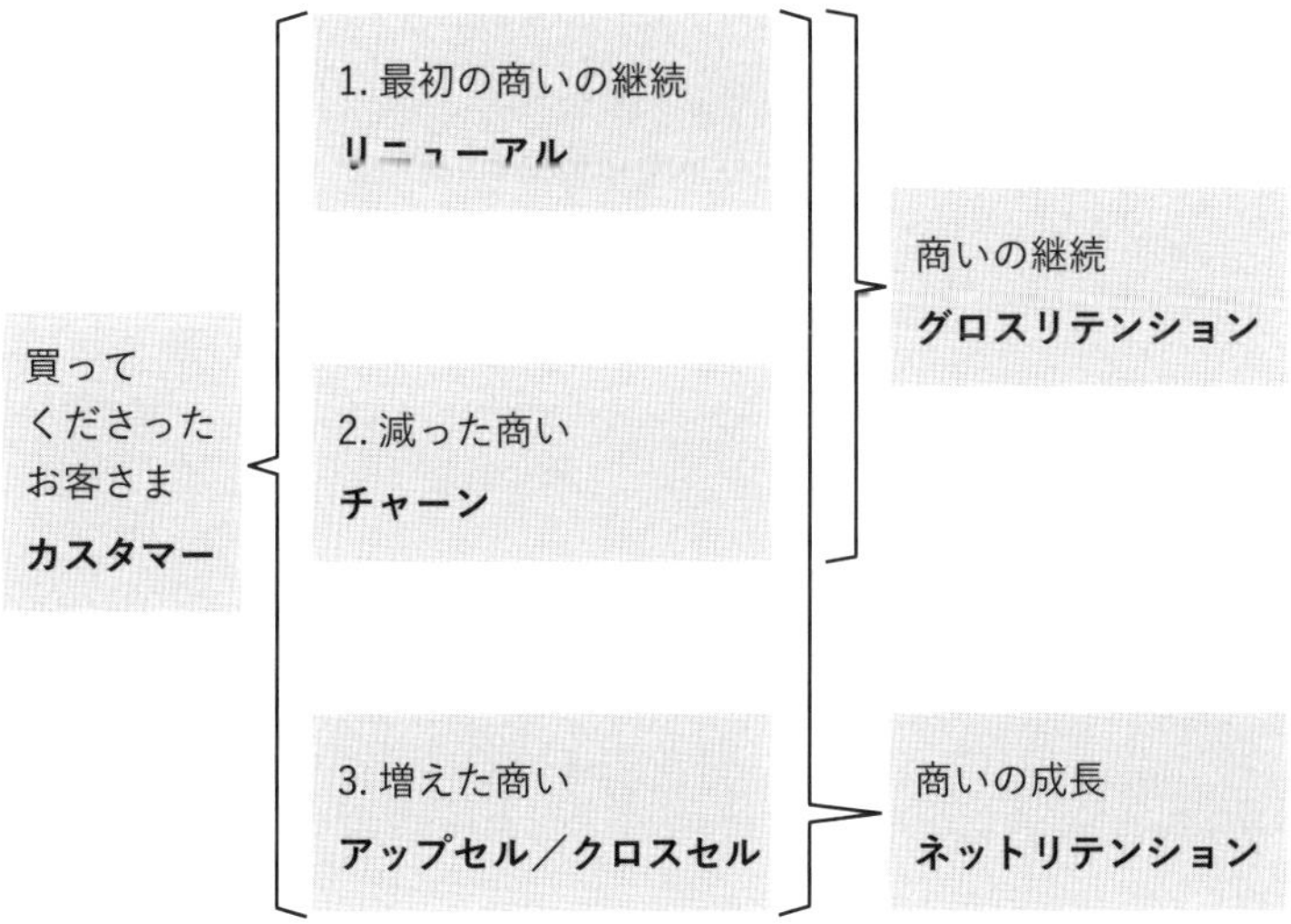

ここで厳密なニュアンスを強調したい。「カスタマー」は誰もがよく使う言葉だが、カスタマーサクセスに携わる人が「カスタマー」と言う時は、**買ってくれたという事実と具体的な人格や利用歴が存在する「うちのプロダクトを使っている××さん」であり、使い続けてほしい人という想いを込めて使う**。「顔が見え、どう使っているか分かっている人」という感覚だ。そして顔が見えても使い方まで理解していない新規顧客や見込み客のことは「ニューカスタマー」、「プロスペクツ」と言って使い分ける。たとえば、プライム会員の筆者はアマゾンの「カスタマー」だが、会員登録せず時々訪れる近所のスーパーの「カスタマー」ではない。細かいニュアンスだが、この使い分けにはカスタマーサクセスにおける顧客の捉え方がよく表れているのでぜひ注意してほしい。本書でも「カスタマー」はこの意味で使う。

そのカスタマーに引き続き同じプロダクトを買い続けてもらう商いを「リニューアル（更新）」、買い続けてもらえず取り逃した商いを「チャーン（離脱）」、同じプロダクトをより多く買ってもらう、ないしグレードアップしてもらう商いを「アップセル」、違うプロダクトも一緒に買ってもらう商いを「クロスセル」という。リニューアルとチャーンの合計が「グロスリテンション」、これに「アップセル」と「クロスセル」加えた総計が「ネットリテンション」だ。これらの基本用語は、カスタマーサクセスの実務では正確に定義した計算式に基づき必ず計測される重要な指標だ。本章では概念をまず理解してほし

＊ https://www.forentrepreneurs.com/

いため、各指標の詳細説明は割愛する。

この基本用語を使って「商いは買っていただいた後が大切」の現代版を説明しよう。**図2－3**はマトリックス・パートナーズ社のジェネラルパートナー、デビッド・スコック氏によるシミュレーションモデルだ。なお彼は21歳で大学を卒業後、一つ目の会社を起業、以来25年間で4社の創業と1社の事業再生をし、うち上場3社・売却1社に成功した。その後ベンチャーキャピタリストに転じ、ハブスポット社ほか10社へ投資しすべて資金回収に成功。現在マトリックス・パートナーズ社のパートナーと投資先7社の取締役を務める。要は起業家にとって神のような存在だ。その彼が若い起業家に向けたブログ記事サイト「forEntrepreneurs」*で公表しているシミュレーションモデルを引用して説明したい。

図2－3は、売上ゼロで事業を開始、初月に月額定額（売上）1万ドルの新規契約を獲得、以降は月額

図2-3 売上シミュレーション（単月）

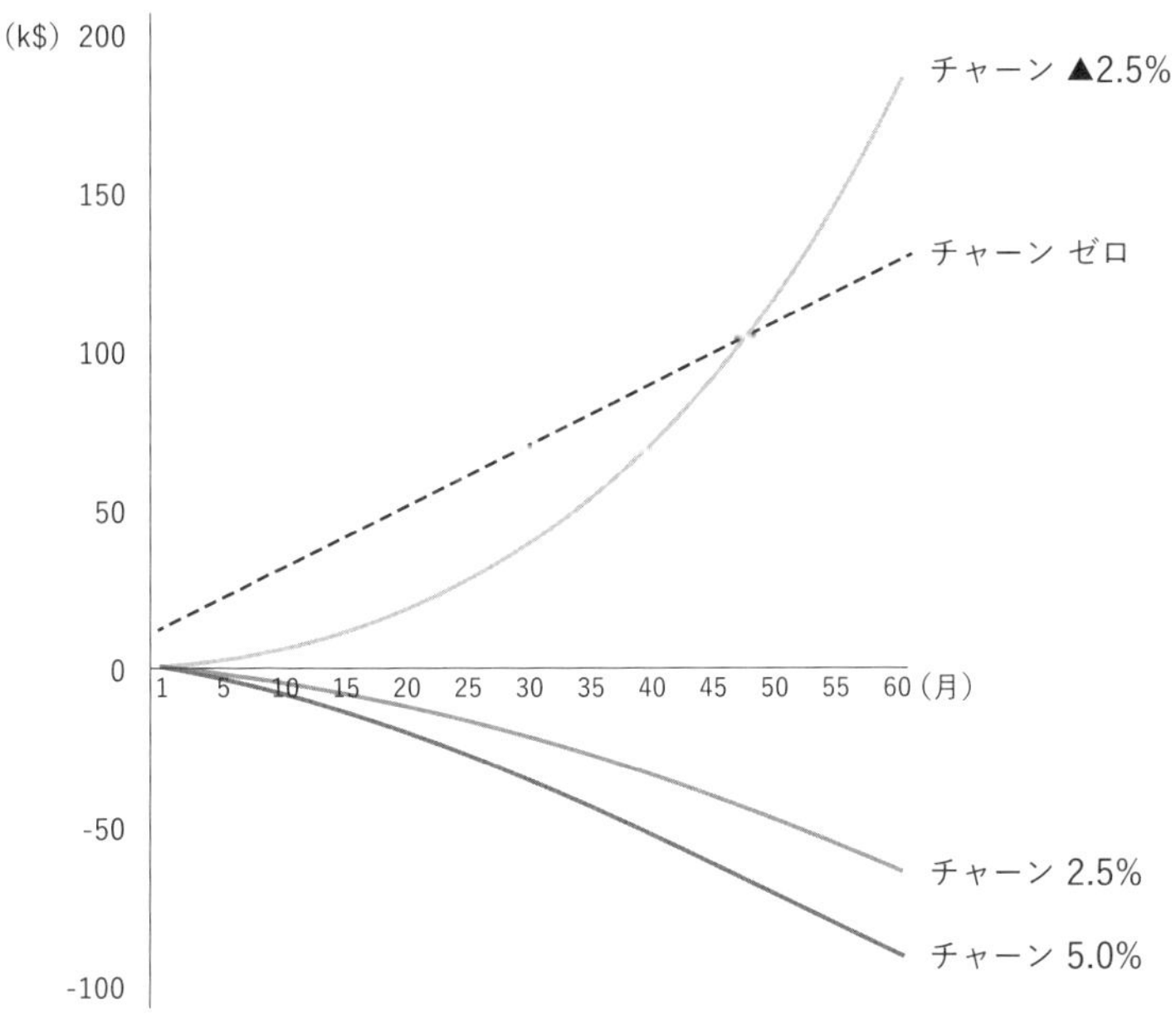

定額2000ドルの新規契約が毎月積み上がるという前提で月次の売上をシミュレーションしたものだ。点線はチャーンゼロで毎月リニューアルされる単月売上。時の経過とともに右下へ落ちていく2本の実線はそれぞれ毎月2・5％、5・0％のチャーンでとり逃す月次売上を示している。

図を見ると、開始直後の数年はチャーンでとり逃す売上はそれほど大きくないが、60ヵ月後つまり5年目末に近づくにつれ、チャーンの比率（2・5％）は小さくても新規契約で穴埋めするのは非常に困難な水準（月6万ドル）、特に比率が高い（5％）場合は深刻な水準（月9万ドル）まで膨らむのが分かる。

一方、右肩あがりの実線はカスタマーから毎月2・5％のアップセルないしクロスセルを獲得した場合に追加で積み上がる月次売上だ（売上の増分はチャーンの減少なので比率は「▲2・5％」と表示）。注目すべきは、比率は一定なのに顧客基盤が拡大するため金額は加速的に増え、5年目の終わりには毎月18万ドルほど月次売上に貢献するのが分かる。

図2-4は、**図2-3**の各シナリオの単月売上を合計した各月の売上高だ。アップセルないしクロスセルがありネットリテンションが102・5％（＝100％＋2・5％）の場合は、チャーンが2・5％、即ちネットリテンションが97・5％（＝100％－2・5％）の場合よりも5年間で3倍近く大きな事業に成長するのが分かる。

学びは二つある。事業が成長すると「買ってくださったお客さま」、即ちカスタマーの数が増え、売上に占める割合も上がる。どんどん増えるカスタマーへのケアが十分行き届かないと、さまざまな要因からチャーンが生まれその比率も高まる。その時、**チャーンに伴う売上減少を補うためにより多くの新規契約を獲得しようと躍起になると、売上の成長スピードは大幅に減退する**、という点が一つ目の学びだ。

二つ目はその逆シナリオで、「買ってくださったお客さま」を大切にケアする、即ち**チャーンを抑制しながら買い増しも促せると、売上の成長スピードは大幅に加速する**。つまり「商いは買っていただいた後が大切」は単なる精神論ではなく複利的に加速する力強い売上成長に直結する。

これを現実に実践している企業を紹介しよう。米経済誌フォーブスが2018年「世界で最も革新的な企業」1位に選出したサービスナウ社だ。人事やカスタマーサービスなどの業務効率化

図 2-4 売上シミュレーション（累計）

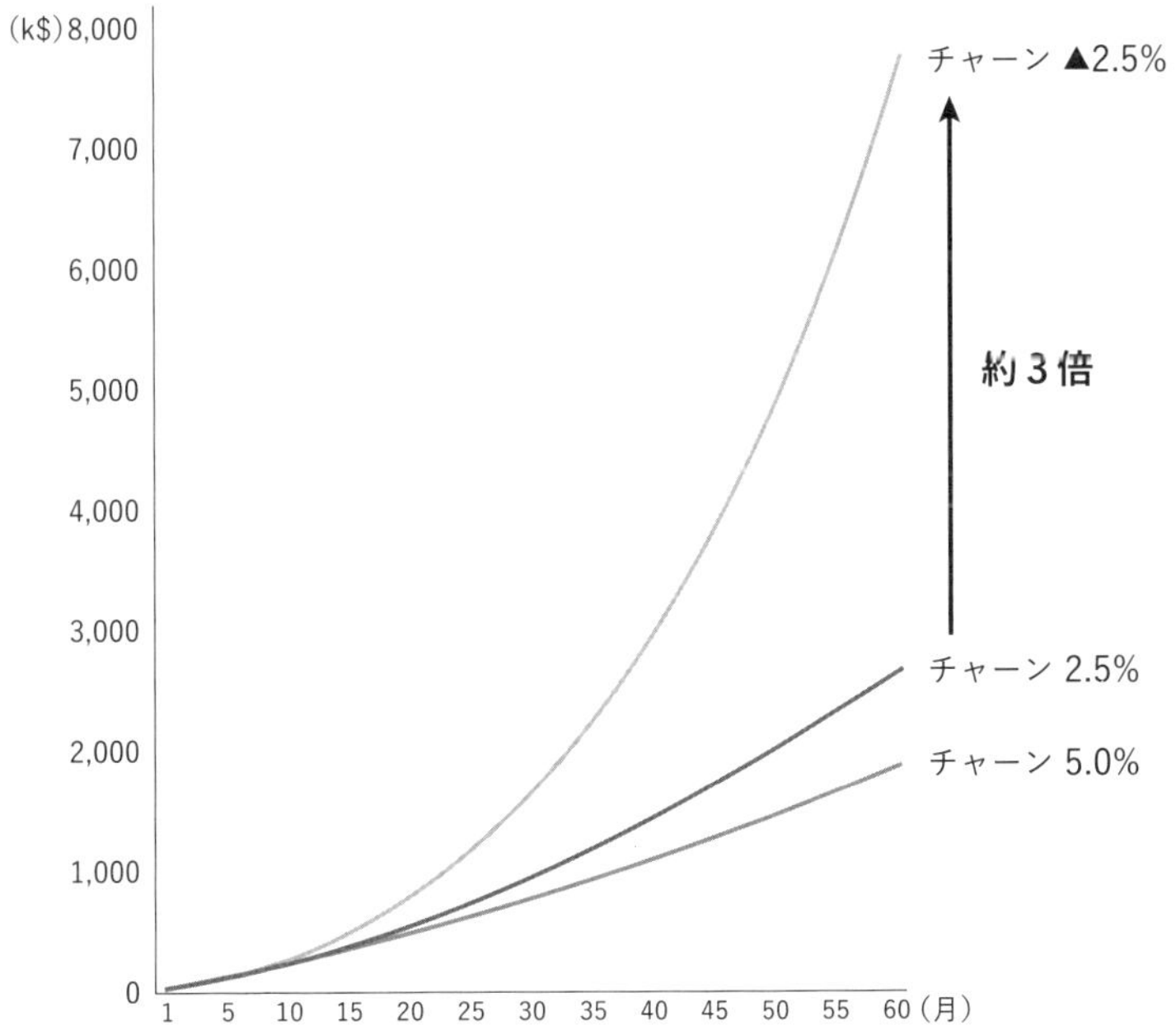

を支援するクラウドプラットフォームサービスを提供する会社である。図2－5は、同社が決算資料で公表する、新規契約年別にカスタマーを分類してそれぞれの売上を積み上げた表だ。たとえば、最下層は2010年に新規契約したカスタマーへの、チャーンもアップセル・クロスセルもすべて反映した売上トレンドだ。右手の数字「ACV年成長（%）」は、初期ACV（Annual Contract Value：年間契約額）と直近ACVの差を契約継続年数で除した増分の初期ACVに対する割合だ。最下層は108%と非常に高い。2010年に100ドルの契約をしたカスタマーとの取引が毎年108ドルずつ増え続け、9年目にあたる2018年末には平均1072ドルに成長した計算だ。

　同社は2003年に設立、2012年に上場した。その後も大きく成長を続け、上場時の売上（約2・5億ドル）を5年で10倍近い約20億ドルに増やした。2018年の時価総額は売上の10倍を超える約300億ドル

図2-5 サービスナウ　新規契約年別カスタマーの売上トレンド

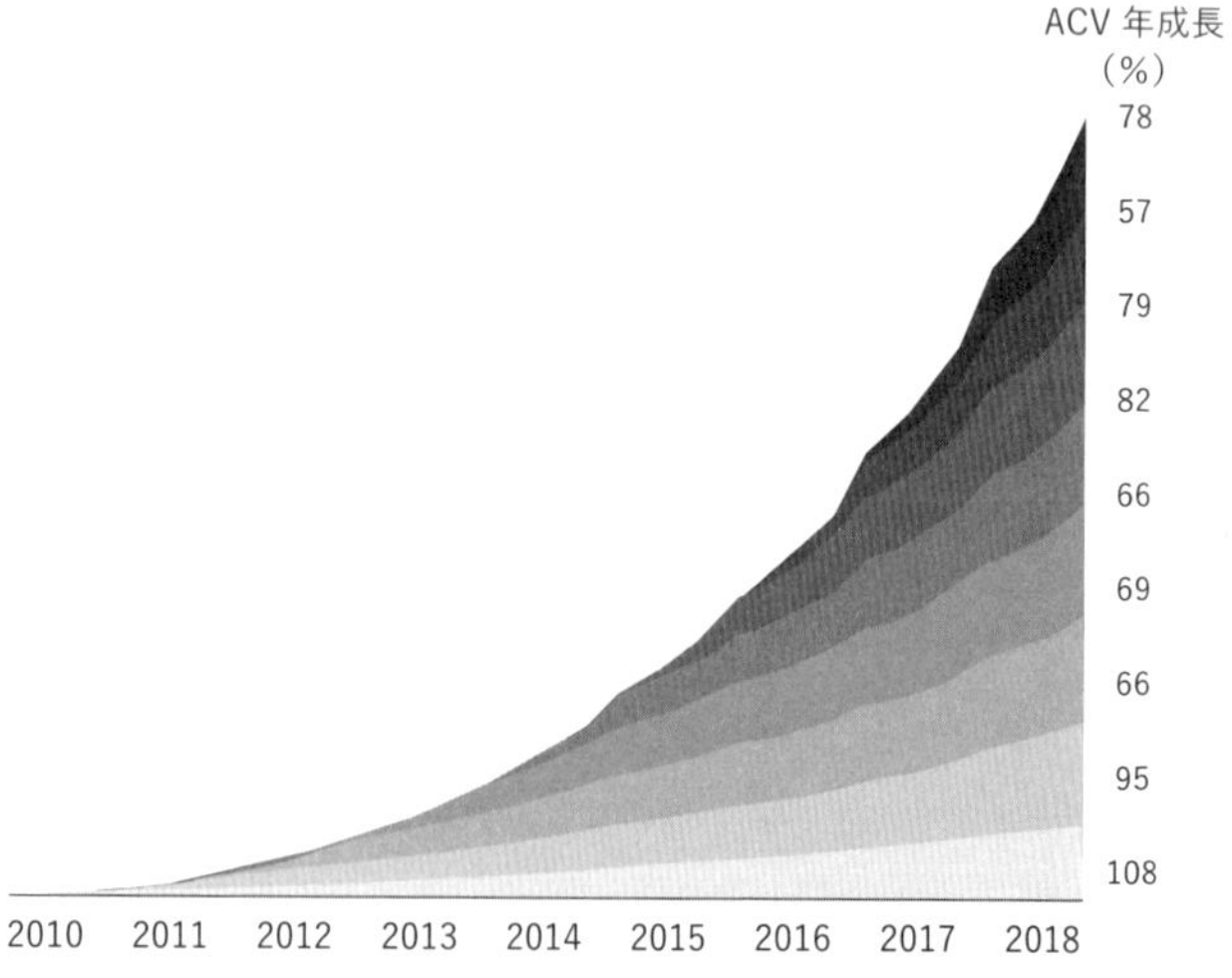

ACV 年成長
（%）
78
57
79
82
66
69
66
95
108
2010
2011
2012
2013
2014
2015
2016
2017
2018

売上（b$）	na	na	0.2	0.4	0.7	1.0	1.4	1.9	2.6
成長（%）				74%	61%	47%	38%	34%	36%

（3兆円超）で、市場も大きな期待を寄せているのが分かる。上場後も対前年30％超の成長を続け、将来もこれほど期待される企業はそう多くないと思うが、いかがだろう。皆さんの企業と比べてみてほしい。

「商いは買っていただいた後が大切」は加速的な売上成長と同義という点を理解いただけたと思う。加えて、コスト効率も格段によいという点を強調したい。

図2－6は、KBCMテクノロジーグループが公表する未上場SaaS企業調査2018のコスト分析だ。同調査は未上場SaaS数百社に対し2009年から毎年実施している包括調査で、有用な数値が数多く公表される。2018年調査によると、新規顧客へ1ドル売り上げるのに要した販売費の中央値は1・32ドルだ。新規含む全カスタマーへの同中央値1・11ドルに比べ約2割も高い。逆に、カスタマーへのアップセル・クロスセル1ドルを獲得する販売費は新規顧客向けの半分かそれ以下（中央値では0・4～0・7ドル）ですむ。このように

図2-6 未上場SaaS企業の売上1ドル当たり獲得コスト分析

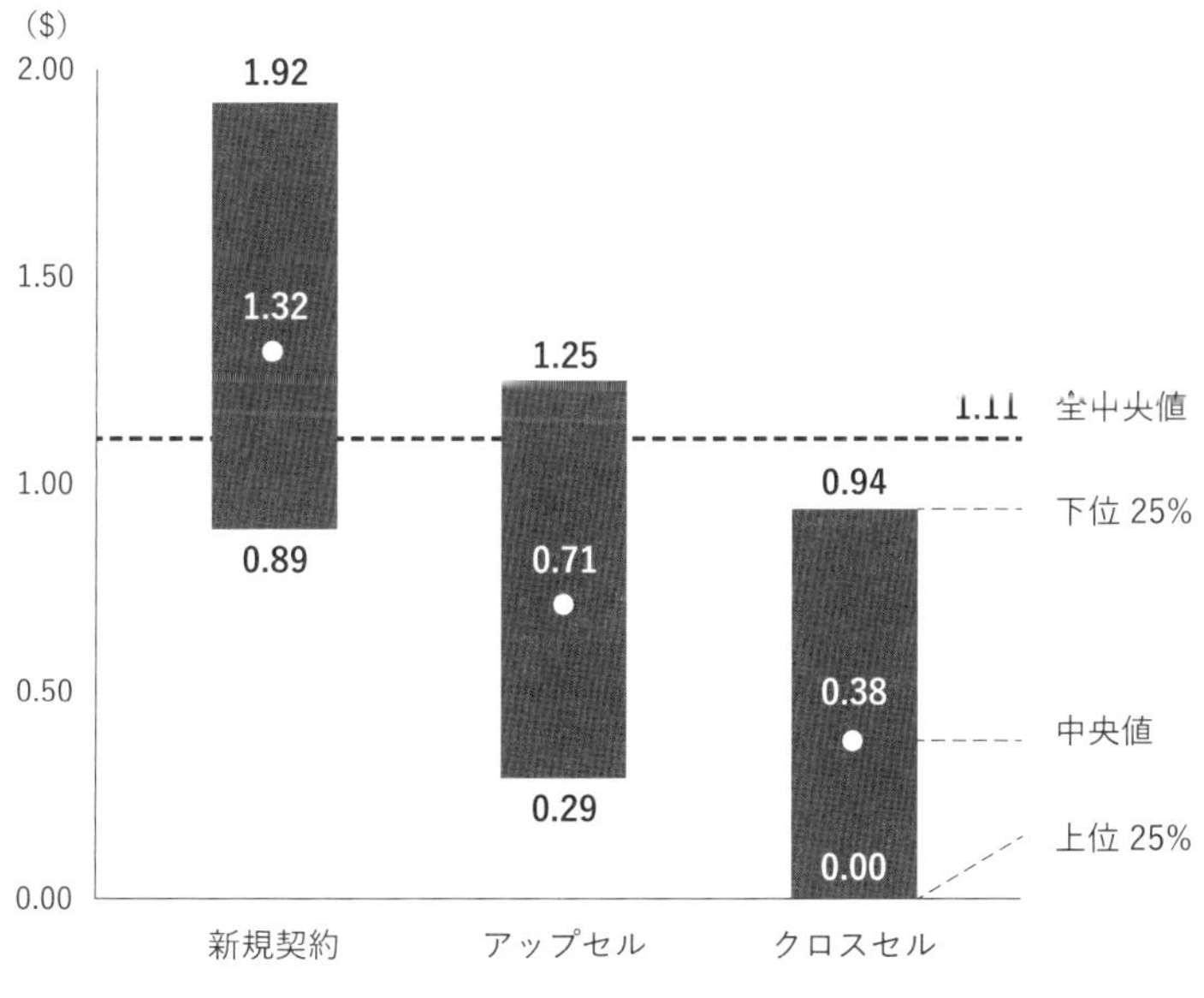

「買っていただいた後が大切」はコスト効率が格段によいことも事実として判明している。

三河屋の三平さんの仕事とカスタマーサクセスの共通点は、「商いは買っていただいた後が大切」という基本精神だ。あらゆる事業がリテンションモデルに向かう現代は、その精神が売上と利益の加速的な増加に直結する。言い方を変えると、その精神をないがしろにした事業には、やがて市場撤退の日が訪れる。厳しい現実かもしれないが、懐かしい昭和の商店が現代でよみがえるのは朗報だと信じている。

では、現代でよみがえるにはどうすればよいのだろうか?――それが相違点の核心だ。

相違点を一言でいうと、**三平さんの仕事はカスタマーにモノを届けるが、カスタマーサクセスはカスタマーに成功を届ける、**つまり**カスタマーへ届ける価値（バリュー）が違う**のである。では「**カスタマーに成功を届ける**」とはどういう意味だろう?――アマゾンエコーを例に説明しよう。

アマゾンエコーは、アマゾンが開発した音声認識ＡＩアシスタント「アレクサ（Alexa）」を搭載するスマートスピーカーだ。世の中に登場した２０１４年（日本の一般販売は２０１８年）以降、続々と新機能が追加され続けている。現在は音楽を聴くスピーカー機能に加え、天気予報やニュースを知らせてくれたり、質問すると調べた結果を答えてくれたり、自分のメールやスケジュールを読んでくれたり、他の機器と会話しあって部屋の電灯を消したり空調の温度調節もしてくれる。そんなスマートスピーカーを開発したアマゾンがカスタマーに届けた価値について、「音楽を聴く」を例に説明する。

質問したい。「アマゾンは、アレクサを搭載したアマゾンエコー（モノ）を開発したことで、スマートフォンにも音響スイッチにも触れず、要は一切手を使わずに音声操作だけで音楽を聴くことができる、という画期的な体験（コト）を届けた。」は「正しい（Yes）」だろうか？——答えは「否（No）だった」だ。「音楽を聴く」という体験（コト）の世界において、登場当初のアレクサはアマゾンプライムミュージックの楽曲しか流せなかった。その後、アマゾンはカスタマーの要望を真摯に受け止め、スポティファイ、パンドラ（Pandora）、シリウス（Sirius）といった**競合の音楽サービスにもアレクサがつながるようにした**。今では、アマゾンプライムミュージック会員以外のカスタマーにも、音声操作が可能なスマートスピーカーで好きな音楽を楽しむという音楽体験（コト）を届けている。

ここまでならコト売りに留まる。しかしアマゾンはその先、つまり画期的な音楽体験（コト）の先にある「成功を届ける」を追求した。

届けた相手は、毎晩子供を寝かしつけるお父さん・お母さんだ。ようやく寝た子のいる部屋の音楽を消すために大きな声を出すと子供が起きてしまう。そこでアマゾンは「ウィスパー（ささやき）モード」を開発した。小声で「アレクサ、とめて」とささやくと、アレクサもささやき声で「オーケー」と言って（設定すると無言で）音楽がとまる機能だ。小さな子供は、お父さん・お母さんが自分に最大の関心を寄せることを期待する。一番甘えられる寝入り時は期待値が最大になる。経験者なら分かると思うが、そんな時に少しでもスマートフォンを操作したら途端に大声で泣き出す子もいる。子供を自分の腕に抱え、その目を優しく見つめたままおしゃべりの延長で「アレクサ、××（音楽）かけて」と言えば子供の好きな音楽が流れる音声認識は、「寝かしつけ」において最高の機能だ。そしてウィスパーモードがそれを完成の域に引き上げた。つまりアマゾンは音楽体験の先にある「**子供を寝かしつける時間が半減する・豊かになる**」、つまり「カスタマーに成功を届ける」に成功したのだ。こうしてアマゾンはカスタマー（親）にとってますます「なくてはならない存在」になっていく。

もう一つ、スラックの事例を紹介しよう。スラックは企業（ビジネス）向けコミュニケーションツールだ。対面の会話と同じようにオンラインで共同作業をしたり、業務に必要な人や情報を1ヵ所に集めたり、効率的なコミュニケーションで人と人とをつなげて業務を素早く処理したりできる、要は仕事で「使える」とても便利なツールだ。2013年に登場して急速に普及し、2018年5月時点で800万人のアクティブユーザー（うち有料ユーザー300万人）に毎日長いこと利用されている。同社の目標は「スラックが無いと仕事にならない状態」になること。それにはカスタマーの事業利益への貢献を実証する、即ち「カスタマーに成功を届ける」ことが必須だと考えている。「成功」の内容はカスタマーごとに異なり、たとえば「スラックを利用することで、**営業、R&D、プロダクションの部門間コミュニケーションが緊密になり、プロダクトの出荷リードタイムが20%削減する**」などだ。こういった「成功」をカスタマーごとに具体的に定義して愚直に追求している。

図2-7は、同社のカスタマーサクセス責任者であるロブ・ダリウォル氏が紹介する「カスタマーに成功を届ける」難しさを象徴する2名だ。右の若者、ジャスティンは開発チームで働く優秀なエンジニア。スラックに関する記事を初めて読んで感動し即座に導入。世界のエンジニア300人が使い始める頃にはとっくに熟達しているタイプだ。一方、左の男性、ボブは経理部門で働く会計士。スラックのことは耳にしたことがなく、仮に聞いても全く興味がわかない。普段使うメールに何の問題も感じていないタイプだ。

ロブさんは難しさの核心をこう指摘する。「ジャスティンはスラックを使いたいと熱望し、ボブはスラックを使うよう指示された」。つまり慣

図2-7 Slack ユーザー（イメージ）

れ親しんだメール経由のコミュニケーションよりもスラックの方がずっと便利だとボブに開眼してもらう必要がある。ボブがスラックを使いこなすようになって初めて、社内のコミュニケーションの仕方やそれに伴う働き方が大きく変わり、「スラックがないと仕事にならない状態」という目標を達成できるのだ。

デジタル時代の勝者が成功した理由は何だろう?――それは革新的なプロダクト(含むサービス)を開発し販売できた・プロモーションに成功した・それに必要な豊富な資金を調達できた、からではない。それらはとても大切な必要条件だが、十分条件ではない。真の十分条件は買ってもらった後にある。つまり、カスタマーにプロダクトの価値を十分に納得してもらい、使い続けて価値を出してもらい、結果として彼らの業績が上がり成功してもらうことだ。ロブさんは説明する。

「私たちが新しいソフトウェアやサービスを市場にだす時、本当の山場は技術に関わる所ではありません。私たちが**新しいサービスで実現したいのは人の働き方を変えることです**」。

それは決して簡単ではない。同社は、手助けが必要な世界中のボブがどうしたら働き方を変えることができるかを、時間をかけて徹底的に考えた。そして独自の「チェンジ&アダプション手法」を見出して実行している(同手法を詳しく知りたい方はロブさんのプレゼン記事を参照してほしい)。* こうした「成功を届ける」を愚直に追求する努力が、スラックのアクティブユーザー数の急増の背景にある。

＊ https://success-lab.jp/how-to-drive-change-management-at-slack/

　三河屋の三平さんはサザエさん家族にとって「なくてはならない存在」だった。しかしそれは昭和の話だ。デジタル技術の進化と共に人びと（カスタマー）は大きく進化し、競合も社会も進化した。現代は三平さんと同じことをしてもリテンションモデルで成功できない。もし筆者が現代のサザエさんだったら、慣れ親しんだ三平さんがお嫁さんをもらいに故郷の山形へ帰り後任の三郎さん（通称、サブちゃん）に交代したタイミングで、アマゾンプライム会員サービスに一本化するだろう。

　デジタル時代は、**「商いは買っていただいた後が大切」**の精神で**「カスタマーに成功を届ける」ことが必須**だ。それがカスタマーサクセスの本質である。それは同時に、リテンションモデルで成功するための秘訣そのものだ。その理由を次節で説明しよう。

2-2

リテンションモデルとカスタマーサクセスの表裏一体な関係

リテンションモデルの成功要因

成功の秘訣はシンプルだ。**図2-8**は第1章で紹介したリテンションモデルの定義とその成功要因だ。まず全体の構造を理解してほしい。成功要因1〜4はリテンションモデルの4要素を満たすのに必要不可欠なこと、成功要因5はそれら4要因を実行して成功するのに必要不可欠な組織能力という構造だ。

図2-9はモノ売り切りモデルと対比させたリテンションモデルの成功要因（再掲）だ。改めて両モデルが大きく違うこととその相違点を確認してほしい。

本章の主題、即ちカスタマーサクセスの「本質（What）」は、リテンションモデルの成功

図 2-8 リテンションモデルの成功要因（その 1）

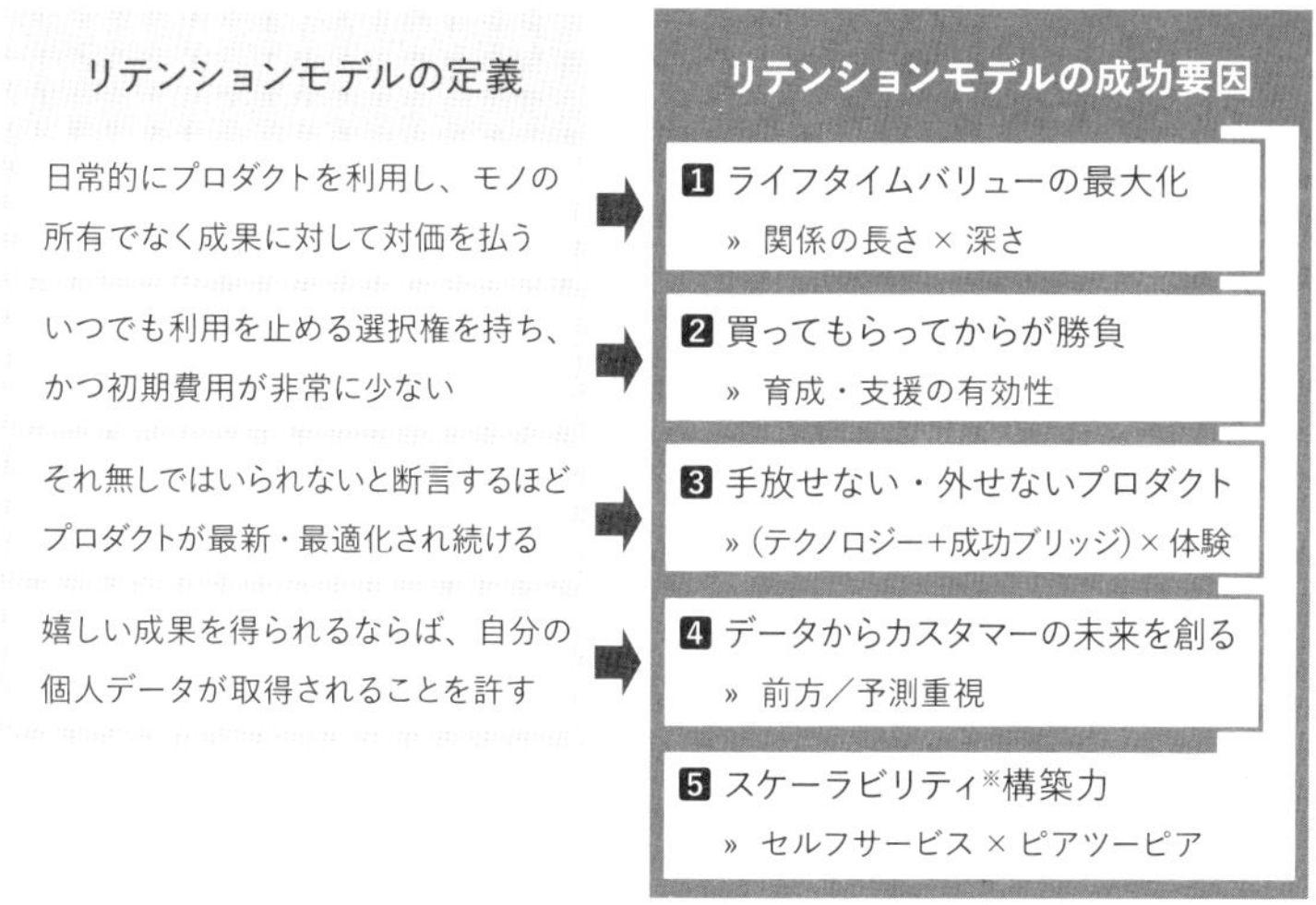
リテンションモデルの定義
日常的にプロダクトを利用し、モノの所有でなく成果に対して対価を払う
いつでも利用を止める選択権を持ち、かつ初期費用が非常に少ない
それ無しではいられないと断言するほどプロダクトが最新・最適化され続ける
嬉しい成果を得られるならば、自分の個人データが取得されることを許す
リテンションモデルの成功要因
1 ライフタイムバリューの最大化
» 関係の長さ × 深さ
2 買ってもらってからが勝負
» 育成・支援の有効性
3 手放せない・外せないプロダクト
» (テクノロジー+成功ブリッジ) × 体験
4 データからカスタマーの未来を創る
» 前方／予測重視
5 スケーラビリティ※構築力
» セルフサービス × ピアツーピア

※　スケーラビリティ（Scalability）とは、ある事業の規模が急成長できる能力をいう。ただし急成長に必要な資源 / コストの増加が成長スピードを超えない場合に限る。拡張性と訳される

図 2-9 リテンションモデルの成功要因（その 2）

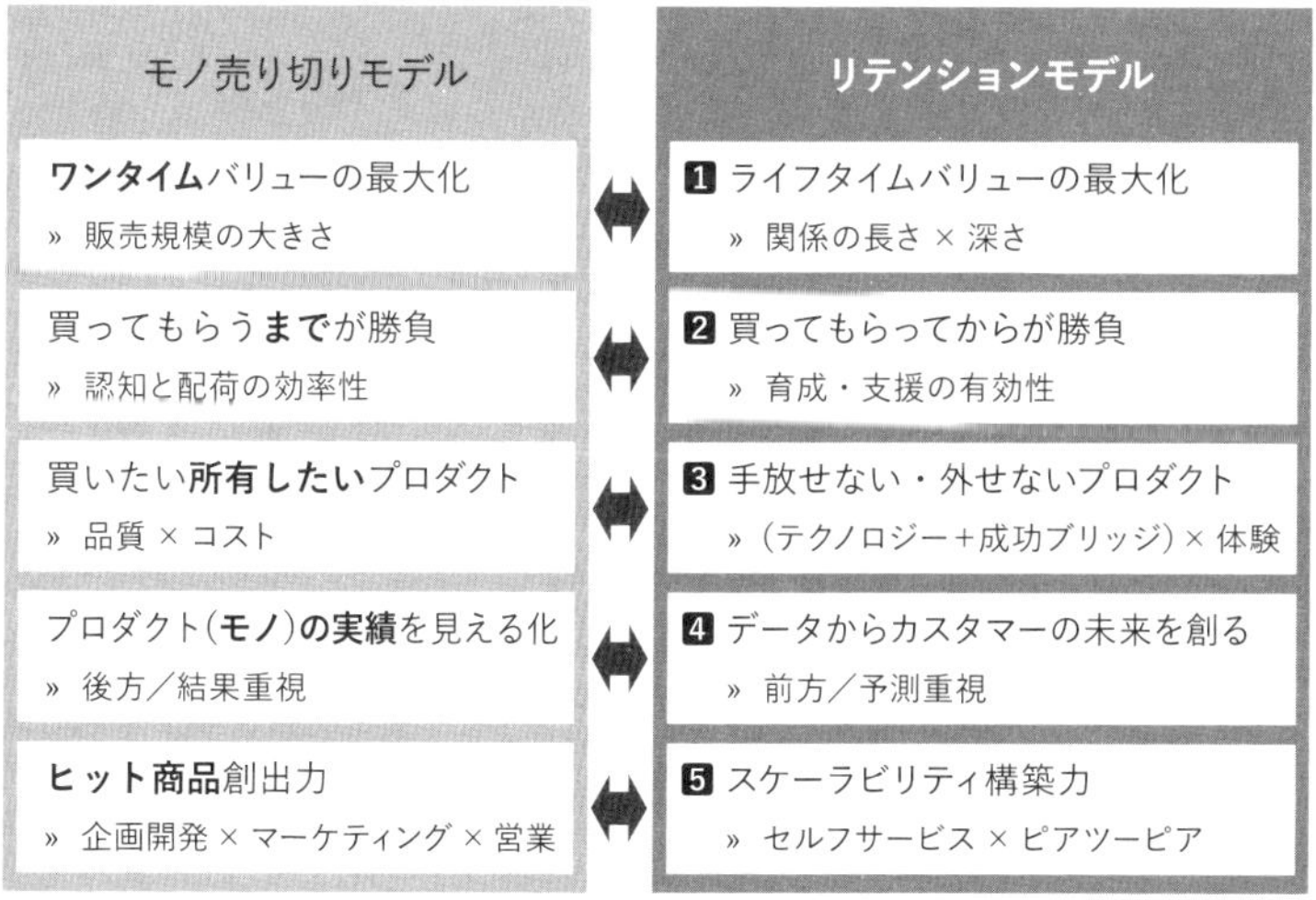

要因そのものだ。つまり**カスタマーサクセスはリテンションモデルで成功するために必要不可欠なもの、という表裏一体の関係**にある。以降、リテンションモデルの成功要因とカスタマーサクセス5原則について、モノ売り切りモデルと対比させながら一つ一つ説明する。蛇足だがはじめにお断りした通り、本書は実務家向けのガイドブックではない。以降の内容は実務レベルの方法論を網羅的に説明するものではない点、あらかじめご了承いただきたい。

成功要因① ライフタイムバリューの最大化

カスタマーサクセス原則その1　成功を届けられるカスタマーとの末永い関係に責任をもて

原則その1はカスタマーサクセスの目的だ。この実行ポイントを説明する前に、モノ売り切りモデルとリテンションモデルそれぞれが提供するバリューの意味とその違いを説明したい。

従来のモノ売り切りモデルでは、プロダクトの販売規模を最大化することが目的だった。競合プロダクトより少しでも優れ、少しでも多く売れるプロダクト（モノ）を届けるため、研究開発や市場調査を重ねて新商品を企画し、調達から製造・保管・配送に至るモノの流れを最適化し、広告やプロモーションを工夫して人びとの目にモノを露出させ、あらゆる店の棚へ配荷する。そのために必要なら多額の資金を投資する。販売開始後は、投資した固定費の回収に必要な数量を最低限の販売目標に掲げ、それを達成した後は売上が利益にほぼ直結するという構図だ。

そこにカスタマー一人ひとりの顔はない。時々「ユーザー登録」や「消費者アンケート」という名目でカスタマーを知ろうとする試みもあるが、それで回収できるのはプロダクトを買ったお客さま何万人のうちのごく一握り、かつ非常に断片的な情報にすぎない。要は、売り手と買い手は「一期一会」なのだ。つまり、モノ売り切りモデルの目的「プロダクトの販売規模を最大化する」ことは、お客さま視点に基づくと、ライフタイムではなく「ワンタイムバリューを最大化する」ことを意味する。

リテンションモデルでは、プロダクトはカスタマーへ成功を届ける手段の一つにすぎない。究極の目的は、プロダクトの価値を超えて「これが無くなったら仕事／生活が成り立たない」という状態、つまり**カスタマーを虜（ファン）にし、「この素晴らしさを広めたい！」**

図2-10 カスタマーサクセス原則その1

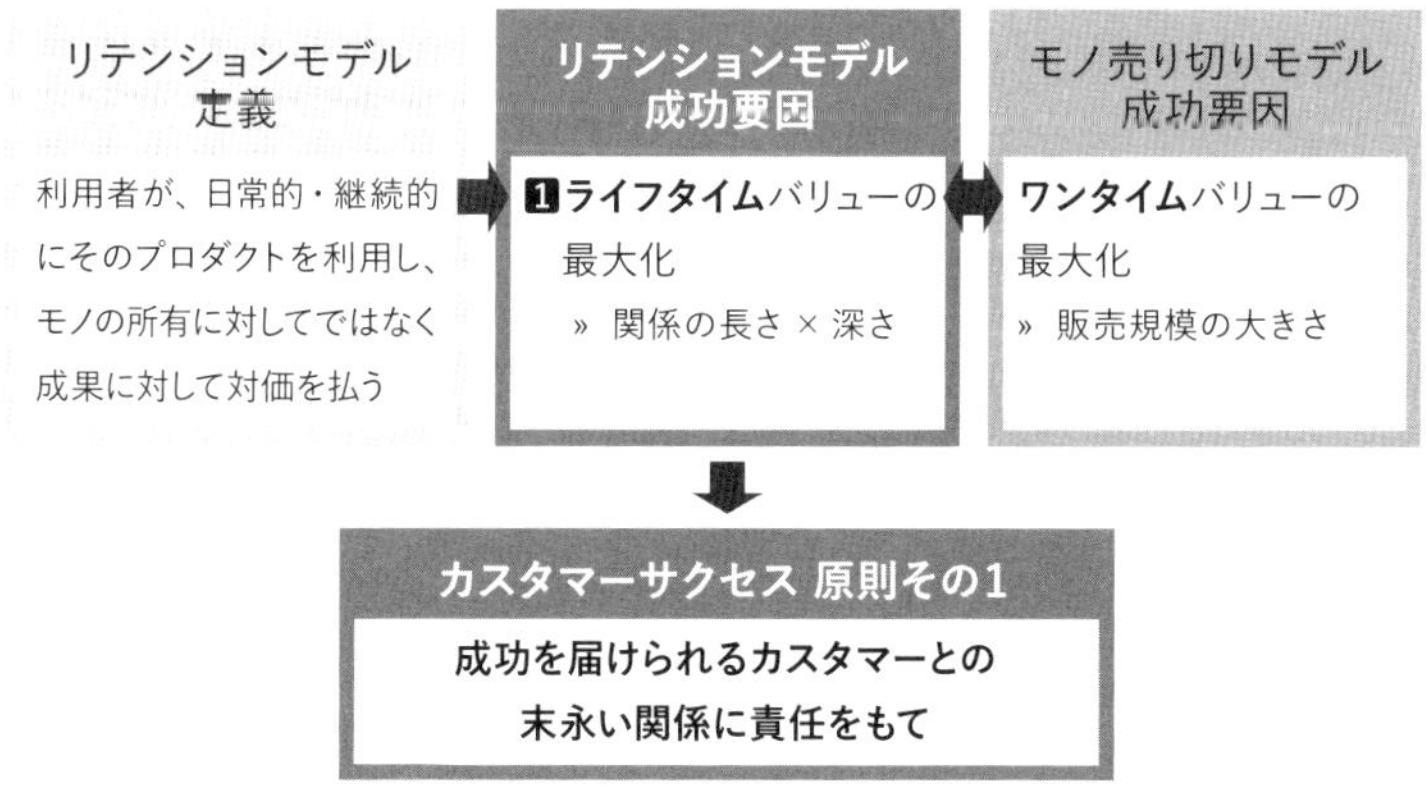
リテンションモデル定義
利用者が、日常的・継続的にそのプロダクトを利用し、モノの所有に対してではなく成果に対して対価を払う
リテンションモデル成功要因
1 ライフタイムバリューの最大化
» 関係の長さ × 深さ
モノ売り切りモデル成功要因
ワンタイムバリューの最大化
» 販売規模の大きさ
カスタマーサクセス 原則その1
成功を届けられるカスタマーとの末永い関係に責任をもて

という理屈を超えた愛着感情に基づく行動（口コミや紹介など）を引き出すこと。それが「ライフタイムバリューを最大化する」究極の姿である。

以上をイメージ図にしたのが**図2－11**だ。ポイントは三つある。

一つ目は、両モデルとも縦軸上マイナスから始まるが、リテンションモデルの方が**開始時のマイナスが浅い**点だ。開始がマイナスなのは、新規顧客の獲得費用を先行投資するためだ。一般的に、リテンションモデルは中間業者を排除した物流や安価なマーケティング手法を採用するため従来モデルよりも先行投資が少ない。かつ新規顧客の開拓精度が高い（理由は後述）、即ち無駄打ちコストの配賦も少ない。加えてクラウドなどのデジタル技術を使ったプロダクトならば開発・製造コストも低く抑えられる。こうした理由から一般的にカスタマー当たりの先行投資は比較的抑えられる。

二つ目は、リテンションモデルの方が**初年度以降の立ち**

図2-11 カスタマー当たりのライフタイムバリュー（イメージ）

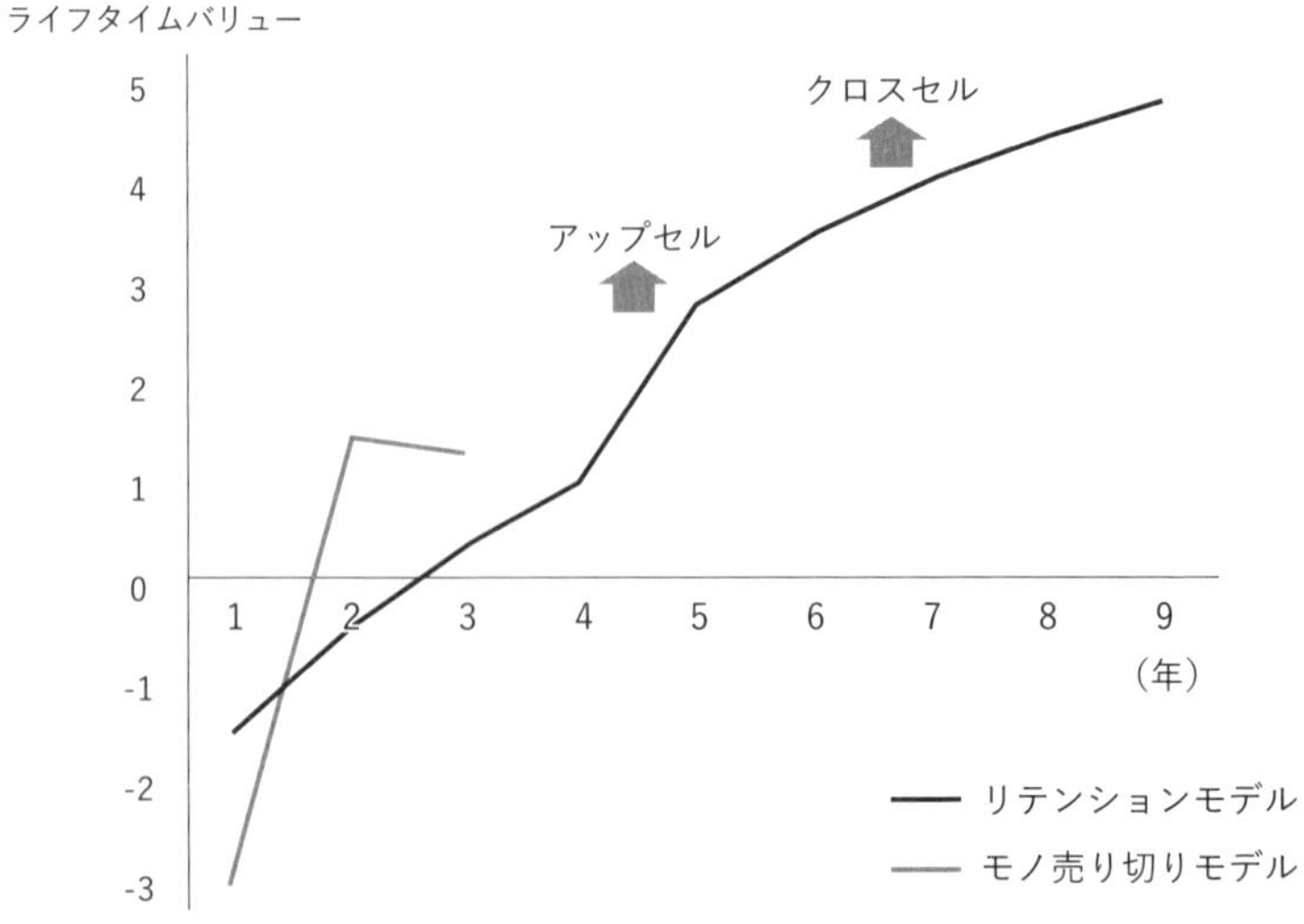

上がり（線の傾き）が緩やかな点だ。なぜなら、従来モデルではモノを届ける（プロダクトを売り所有権が移転する）タイミングで一括で受け取れた収益を、リテンションモデルでは成功を届ける数年間にわたって受け取るからだ。なお２－１節で紹介した「木上場ＳａａＳ企業調査のコスト分析」で、売上１ドルに相当する新規顧客獲得コストは１・32ドル、つまり初年度はコストが売上より高いことが気になった方もいるだろう。これはリテンションモデルが新規顧客の獲得に多額のコストを要するからではなく、新規顧客から入る初年度の売上が従来モデルより相対的に少ないためだ。リテンションモデルは開始時のマイナスが浅い（ポイント１）ため一見リスクが少なく見えるが、実際は投資回収リスクが長期にわたって存在する。

三つ目は、リテンションモデルの方が**バリューを受け取る期間（線）が長い**点だ。「商いは買っていただいた後が大切」なリテンションモデルならではで、長いほどバリューは積み上がる。理屈上、ライフタイムバリューは事業が続く限り無限に増える。そして２－１節で述べた通り、コスト効率は新規顧客から収益を積み上げるよりも各段によい。加えて道中にアップセルやクロスセルで線の傾きを引き上げられれば収益成長は加速し、リテンションモデルの究極の目的にも近づく。従来モデルが別名「焼き畑商法（収益化し尽くした畑は翌年以降の収穫が困難）」と呼ばれるのとは真逆だ。

モノ売り切りモデルは「ワンタイムバリューの最大化」、リテンションモデルは「ライフタイムバリューの最大化」の意味とその違いを理解いただけただろうか。次はいよいよ、リテンションモデルの成功要因１「ライフタイムバリューの最大化」の秘訣、即ちカスタマーサクセスの**原則その１「成功を届けられるカスタマーとの末永い関係に責任をもて」**を掘り下げて実行ポイントを説明する。

▼原則１-１　カスタマーの「成功」を正しく理解する

一つ目のポイントは、何がカスタマーの「成功」なのかを具体的に深く正しく知ることだ。改めて「成功」という言葉の定義をしよう。

成功 ＝ カスタマーの事業へ実際にもたらされた成果・業績（生活者の場合は「生活上の成果」）

この定義で注意してほしいのは、「成功」はプロダクトが利用し尽くされているという事実でも、プロダクトがもたらす直接的な結果でもないという点だ。**「成功」はカスタマーの事業が成長する（ないし生活がより良くなる）ことに直結する現実の成果**を言う。具体的な内容は各社・各人で異なり、同じ企業でも複数あったり、時間と共に変化したりする。たとえばアマゾンエコーがもたらした「成功」の例は「子供を毎晩寝かしつける時間が半減する・豊かになる」、スラックの例は「プロダクトの出荷リードタイムが20％削減する」だった。

カスタマーの「成功」を具体的に深く正しく理解している企業は実は少ない。最たる理由は、「成功」を正しく理解しなくても新規顧客を獲得できてしまうこと。「カスタマーはこのプロダクトを買うことで課題Xを解決する」というマーケティングの言葉を鵜呑みにし、相手の本当の「成功」を理解しないまま顧客獲得にまい進する。するとやがて猛威を振るうチャーンの火消しに奔走することになる。その延長でカスタマーサクセスに本腰を入れ始めた場合、カスタマーの「成功」は何かを正しく理解しないばかりか、ライフタイムバリューの最大化はチャーンの最小化と同義だという誤解が骨身に染みてしまう。もちろん、チャーンを最小化できなければライフタイムバリューは決して最大化しないが、その逆は真ではない。

次に厄介な理由は、「成功」を曖昧にしたままプロダクトを購入するカスタマーがいることだ。カスタマーの「××という成果を達成したい」という言葉を額面通り信じ、その裏の真意や実行計画などの核心を議論せずに販売すると、実はキラキラ光るプロダクトに惹かれ「競合企業が導入したソフトだから」とか「便利そうだから（初期投資も少ない）」という、好奇心に近い本当の理由に気付けない。そういう場合は大抵、プロダクトの導入自体が目的化し、導入しただけで満足（終了）されたり、プロダクトの利用者や利用機能が非常に限定されたりする。結果、プロダクトは使い込まれずチャーンの道を辿る。

最も難しい理由は、「成功」を議論することに躊躇を覚えやすいことだ。「成功」は基本的にプロダクトの先にあったり、売り手が完全にコントロールできなかったりすることが多い。スラックの事例では、顧客企業内のすべてのボブを手助けし、スラックが全部門で使われるように支援し、結果として社内のコミュニケーションが円滑になるところまではコントロール可能だ。しかしその結果「プロダクトの出荷リードタイムが20％削減する」かどうかは、コミュニケーション以外の要素が多く、売り手がコントロールするのはとても難しい。

このように「成功」を理解できない理由はたくさんある。しかし確実なのは「成功」こそカスタマーにとって最も重要な関心事ということだ。なぜなら、デジタル時代のカスタマーは「成功」を期待してあなたのプロダクトにお金を払うからだ。「成功」できなければやがて他社へ乗り換えるだろう。

▼原則1-2　成功を届けられない相手には売らない覚悟と仕組みをもつ

二つ目は、成功を届けられない人には売る時間も使わないと決め、それを組織に徹底させることだ。

カスタマーの成功を理解する時により重要なのは、どうやっても成功を届けられない相手はどういう人かを明確にし、そういう人には時間を使わないと決めることだ。それは、値引きしてでも売れという営業プレッシャーが強い企業や、事業を立ち上げたばかり、カスタマーサクセスチームを拡大したばかり、あなたがカスタマーサクセス責任者に着任したばかりだった場合、とても難しい決断だ。

しかし、売るための時間すら使ってはいけない理由がある。先述の通り、リテンションモデルは新規顧客の獲得コストが当初の収益に対し相対的に割高な一方、関係が長続きするほど成長スピードや収益性が各段に上がるモデルだ。であれば、限りあるリソースは成功を届けられるカスタマーに絞って使うことが、同モデルの経済合理性から非常に重要だ。逆に、成功を届けられない相手とのやり取りは時間の無駄使いに終わるばかりか、組織全体が疲弊して、最悪の場合は優秀な人材の流出につながる。つまり百害あって一利無しだ。「理屈はそうでも、現実はそう簡単ではない。あなたは現場を知らない」と思うかもしれない。それを承知で敢えて断言する。なぜなら、筆者自身そうした疲弊の経験があることに加え、より重要なのは、リテンションモデルの勝者はすでに実際そうして成功しているからだ。

150ヵ国で毎月4万人のカスタマーが新規に増え続けているザマリン（Xamarin）社

において営業とカスタマーサクセスの責任者を務めるステファニー・シャッツ氏は言う。
「弊社も創業当初は1円でも多く稼ぐ必要がありました。当時は熟慮した結果の意思決定なら本来は売るべきでない相手に売ってもよいとしました。ただしそういうカスタマーは2〜3年後の解約リスクが非常に高く、そうなっても驚かないことを覚悟しました。企業が成熟するにつれ、事業開発には多額の資金が必要です。結果、新規顧客の獲得コストは非常に高くなります。企業が長期的に成功するためには誰に対して売るべきか、その人1人にどれくらいエネルギーを費やして営業すべきかをよくよく考えることが非常に重要です」

成功を届けられない相手には売らないと決めたら、それを徹底する仕組みづくりが必要だ。なぜなら号令をかけるだけでは組織は動かないからだ。仕組みづくりのポイントは三つある。

1　売るべき相手と売ってはいけない相手が一目瞭然になる顧客セグメンテーションを開発する
・「カスタマーの成功」（複数パターン）に基づく分類
・「成功におけるプロダクトの重要性」×「カスタマーの事業規模」に基づく分類など

2　売ってはいけない相手に「ノー」と言えるスキルトレーニングを実施する（主に営業）
3　正しいカスタマーに売っているかを評価する指標を決め、定期的に測定して経営陣へ報告する

日本企業の方が「（米国の企業に）プロダクトのデモを見せてもらい、導入したくて契約の話をもちかけたが断られた」と言うのを時々耳にする。「買いたい」と言っているのに、価格でもめるわけでもなく、売り手から早々に断られる経験は日本人だと理解しにくい。でもそれは「あなたの企業には成功を届けられない」と判断されたのだ。筆者にも経験がある。具体的な理由と共に整然と断られる時は決して気分は良くないが、契約した後に「こんなはずではなかった」と苦い想いをするよりはずっと相手の誠意を感じたが、いかがだろうか。

▼原則1-3　成功を届けるまで責任をもって行動する

三つ目は、カスタマーへ成功を届けるまで責任があると心得て行動することだ。

「カスタマーへ成功を届けます」と言うのは簡単だ。実態が伴わなくても、成功を届けていると信じて疑わない企業も多い。お客さまが怒り心頭に発するようなひどい体験を届け

てしまう企業でも、「大事なのはカスタマーです！」と書かれた美しいポスターを社内外に張り巡らせているものだ。

「成功を届ける」の実態が伴っているかどうかは行動から判断できる。まず「原則1－1：カスタマーの「成功」を正しく理解する」、および「原則1－2：成功を届けられない相手には売らない覚悟と仕組みをもつ」の正しい行動があるか確認してほしい。たとえば「カスタマーの成功とは？」と同僚に質問してまわり、答えが部門や人によって全く違ったら、原則1－1から行動し直す必要がありそうだ。

原則1－1と1－2の行動を確認できたら、以下3項目の行動を確認してほしい。該当しない（No）が一つでもあれば、「成功を届ける」の実態が伴っているかどうか見直す余地がありそうだ。

①成功が届いたか確認している

どんなに優れたプロダクト（モノ）でも、モノを届けるだけでは成功を届けられない。10年前のGEはジェットエンジン（モノ）を売っていた。今日のGEは納品したエンジンのエネルギー効率（成功）を売っている。つまり、納品したエンジン一つ一つの利用状況をすべてモニタリングし、その膨大なデータを分析することで、カスタマー（航空企業）の飛行機の整備やメンテナンスに要するダウンタイムを実際のフライト単位で削減する方法を提案し、その成果や成功を確認している。

プロダクトが物理的なモノではなく、ソリューションなどと呼ばれるソフトウェアの場合も同じだ。ソリューションを導入しただけでは成功を届けられない。成功を届ける企業は、導入した後にカスタマーと定期的にやり取りし、成功を届けられたかどうかを必ず確認する。プロダクトがたくさん使われている、利用者の満足度がとても高い、という事実は成功を届けたことを意味しない。

②チェンジマネジメントをカスタマー任せにしていない

顧客企業へ成功を届ける場合、プロダクトの導入を機に、大なり小なりカスタマーに仕事の仕方を変えてもらう必要がある。つまりチェンジマネジメント*が必要だ。

チェンジマネジメントをリードするのは売り手の仕事だ。ここを誤解してカスタマー任せにする企業は多い。「それは組織マネジメントの問題だから、組織をよく知るカスタマー自身がするべきだ」と、言うのは簡単だが、結果としてカスタマーが成功できなければ、プロダクトを導入したあなたの提供価値はゼロに等しい。チャーンの道を辿るのは時間の問題だ。

スラックは独自の手法を開発してチェンジマネジメントをリードしたが、他にもやり方はいろいろある。たとえば、成功した他のカスタマーの事例を紹介したり、参考になる情報

＊　変革に必要な課題や対策を洗いだして行動計画をつくり、その推進を組織的に支援することで変化を成功に導く手法

や役に立つツールを紹介したり、悩みを聞いて討議相手になったり、カスタマーが「変わらねばと」と覚悟するよう誠意をもって迫ったりなどだ。どんなやり方が適しているかは、企業によって、またプロダクトの種類や必要な変化の度合いによって違う。共通して大切なのは、「チェンジマネジメントは自分たち（売り手）の仕事だ」と自覚し、カスタマー任せにしないことだ。

③他社サービスと乗り入れてデータ共有する仕組みがある

技術革新のスピードが早いデジタル時代に、成功を届けるために必要なことをすべて自社グループの事業でカバーしたいと考えるのは恐ろしくナンセンスな発想だ。リテンションモデルの勝者ほど、パートナー企業とかエコシステムとかの呼称を使い、便利な他社サービスと乗り入れてデータも共有している。そうすれば、カスタマーへ提供できる価値全体が大幅に広がるからだ。アマゾンエコーの事例で、アマゾンがカスタマーへ成功を届けるために競合サービスともつながるようにしたのは良い例だ。

ロボットによる業務自動化を推進するＲＰＡテクノロジーズ社の大角暢之社長は言う。

「私たちがテクノロジーを使って本当に実現したいのはカスタマーの働き方を変えることです。私たちが目指す姿の価値を１００とした時、プロダクトの BizRobo!

というテクノロジーの価値は10％にすぎません。残り90％は、私たちがプロデューサーとなって目指す姿を実現する方法を考えたり、私たちにない英知をもつ企業を集めてエコシステムを構築しフォローしたりすることの価値です。便利なら他社のツールを使っていいと思います」

他社サービスと乗り入れてデータを共有する仕組みがなければ、届ける成功の価値は非常に限定的になる。競合サービスであってでもつなげることでカスタマーに届ける価値を上げる余地がないかどうか、ぜひ検討してほしい。それこそが成功を届けることに責任をもつという姿勢そのものだ。

カスタマーサクセス原則その1を真摯に追求しているリクルートマーケティングパートナーズの事例を第3章で紹介している。ぜひ併せてご覧いただきたい。

成功要因② 買ってもらってからが勝負

カスタマーサクセス原則その2　素早く・負荷なく・漏れなく成功を届けよ

原則その2はカスタマーサクセスの勝負どころだ。実行ポイントを説明するにあたり、モノ売り切りモデルとリテンションモデルそれぞれの勝負の舞台をまず確認しよう。

図2-13はモノ売り切りモデルの勝負の舞台をカスタマーライフサイクルの視点で整理した。一般的に「AIDMA（アイドマ）の法則」という名で親しまれる消費者の心理・行動モデルだ。モノを認知する（Attention）から始まり、関心が生まれ（Interest）、欲しくなり（Desire）、欲しい気持ちが記憶に残るほど高まり（Memory）、モノを買うという行動（Action）で終わる。モノ売り切りモデルの勝者は、このカスタマーライフサイクルに則ってマーケティング戦略や営業戦略を練り、施策やツールを駆使して最大の「購買」を勝ち取ってきたと言っても過言ではない。

この舞台の勝負どころは2ヵ所だ。一つは**「認知」を効率的に最大化する**ところ。**図2-13**のライフサイクルに重ねた絵は「ファネル（漏斗・じょうご）」だ。ファネルはマーケティング用語で、見込み客がライフサイクルのどの段階にいるかを把握し、1人でも多く右へ移動するよう各段階に応じた最適な施策を実施し管理するという考え方だ。右へ移るたびに数が減るため「ファネル」と呼ぶ。つまり入口（認知）を可能な限り大きく広げることがファネルの至上命題だ。要は少しでも多くの人の目に触れる、大きな露出をつくる施策が何より大切で、最も有名なのはTVコマーシャル（広告）だろう。ただし投下できる資金には限界がある。初期投資をなるべく抑えるには、より高い効果を見込める施策を効率的に打つことが絶対的に重要で、そこが一つ目の勝負どころだ。

図 2-12 カスタマーサクセス原則その2

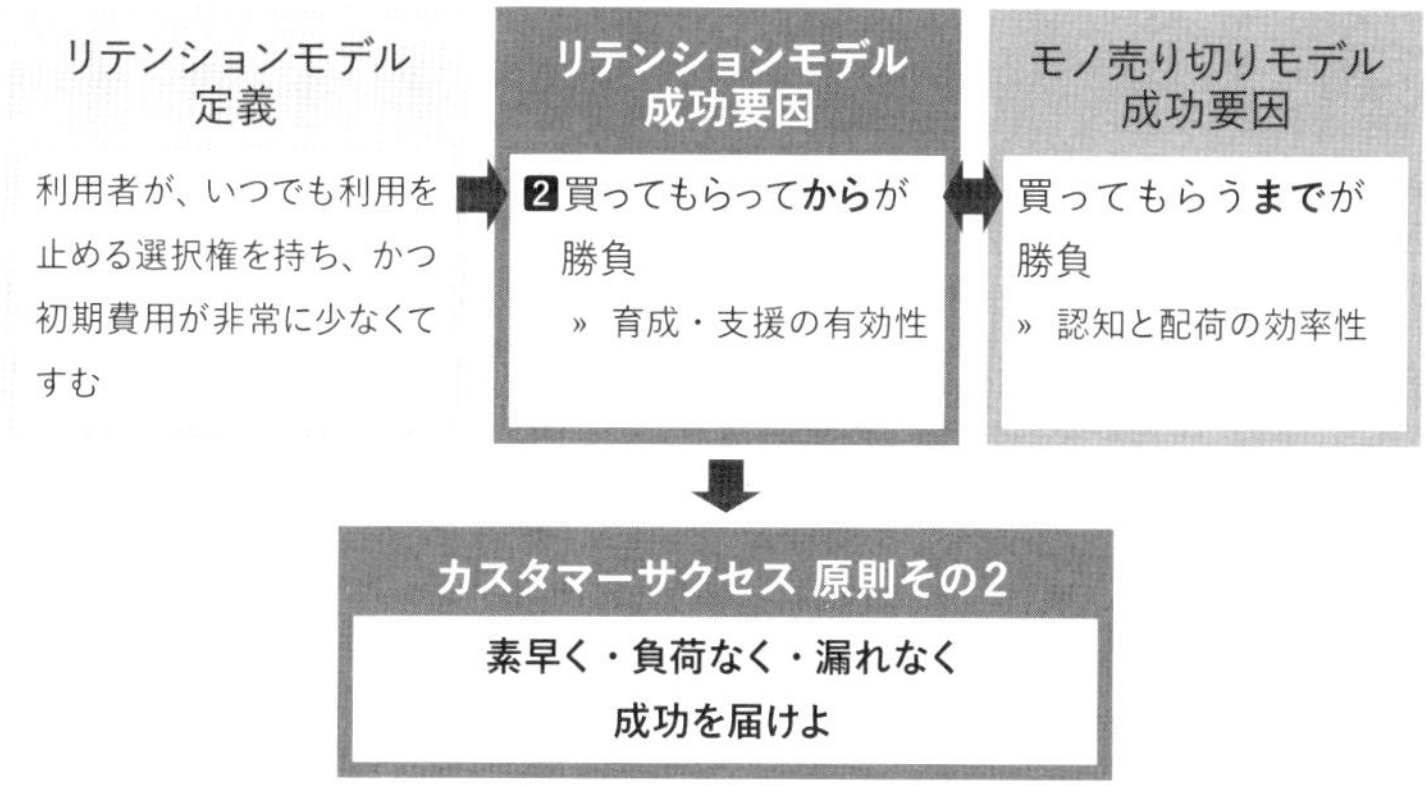

図 2-13 カスタマーライフサイクル（その1）

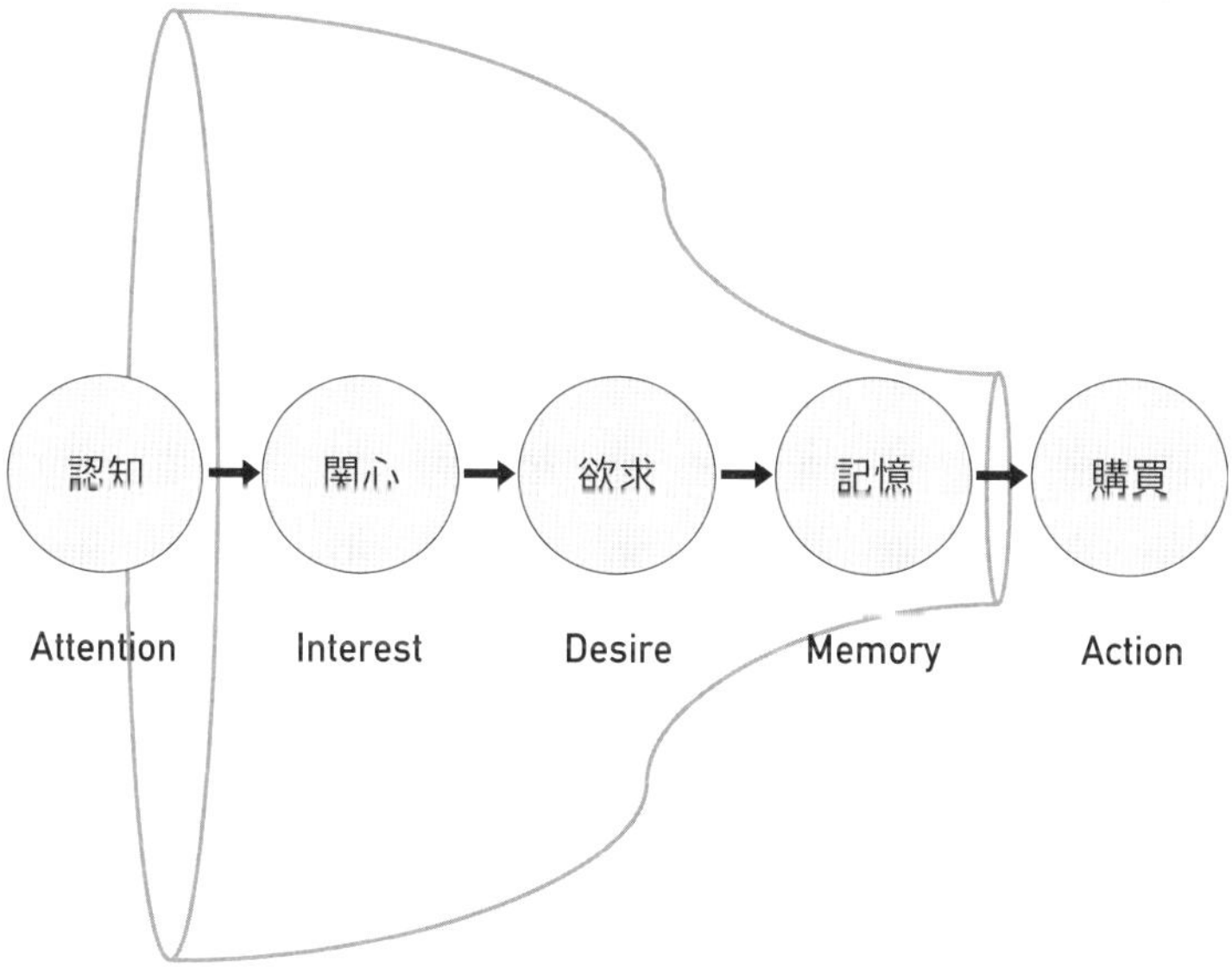

二つ目は**「購買」の最大化を支える配荷（出荷〜配送〜陳列の一連プロセス）の効率化**だ。従来のプロダクトはほぼすべて物理的なモノだった。ソフトウェアでさえ、綺麗にラップされた箱に入れられ家電量販店の店頭に陳列された。一つでも多く買ってもらうには、全国あらゆるお店の棚の最前列にプロダクトを並べ、欠品は可能な限り回避するという効率的な配荷が必須だった。マーケティングが認知から購買の直前までつなげるのに成功しても、訪れた店頭で買えなければ全く意味がないからだ。一般的にサプライチェーンマネジメントと呼ばれる調達、製造、保管、配送、そして営業という機能が活躍する領域だ。なお、消費者向け（ｔｏＣ）ではなく企業向け（ｔｏＢ）の場合は店頭にモノを並べる必要がない。ＧＥが販売するジェットエンジンは最たる例だ。その場合、契約後の「納品」が配荷の最終地点だが、そこに至る調達から製造までのモノづくり機能と、顧客企業に足しげく通って受注を勝ち取る営業機能が同じく活躍する。それをいかに効率的に実行するかが二つ目の勝負どころだ。

このように、モノ売り切りモデルの勝負どころは認知に始まり購買で終わるカスタマーライフサイクルをいかに効率的に前へ進めるかであり、勝負が決まる最終地点は買ってもらう瞬間の「購買」だ。

図2-14はリテンションモデルの勝負の舞台を同じくカスタマーライフサイクルの視点で整理したものだ。

図 2-14 カスタマーライフサイクル（その2）

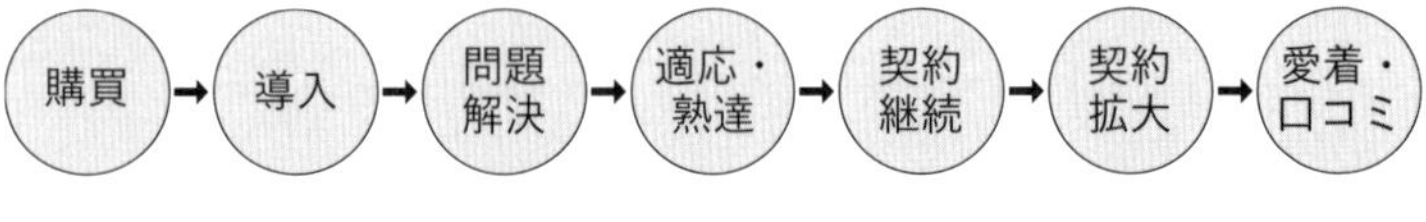

一目瞭然だが、モノ売り切りモデルの最終地点「購買」からリテンションモデルの勝負が始まる。「買ってもらわないと勝負が始まらないなら、買ってもらうまでも勝負の舞台では？」と思われたかもしれないが、二つの理由からそれは明快に「違う（NO）」のだ。

理由の一つは、厳しい言い方だが、リテンションモデルでは買ってもらえなければ最初から勝負にならない、つまり文字通り勝負の舞台に上れない。デジタル技術の革新に伴い、売り手のプロダクトをつくる技術的・コスト的ハードルが下がり、買い手の初期費用のハードルも下がり続けている現在、プロダクトをつくって買ってもらうこと自体は驚くほど容易になった。もちろん競合も増えるため競争も容易になったとは言えないが、現代は新規顧客を獲得できなければ勝負の舞台に立てない。

もう一つの理由は、「買ってもらってから」の勝負に勝てると「買ってもらうまで」のプロセスが自動的についてくるからだ。どういうことかと言うと、成功したカスタマーがあなたの企業やプロダクトの熱烈なファンになり、良質な見込み客を口コミで

図2-15 カスタマーライフサイクル（その3）

効率 / ファネルのロジックが変わる
・成功を届けられる相手に口コミされる
・認知のあとはすぐに購買へシフトする

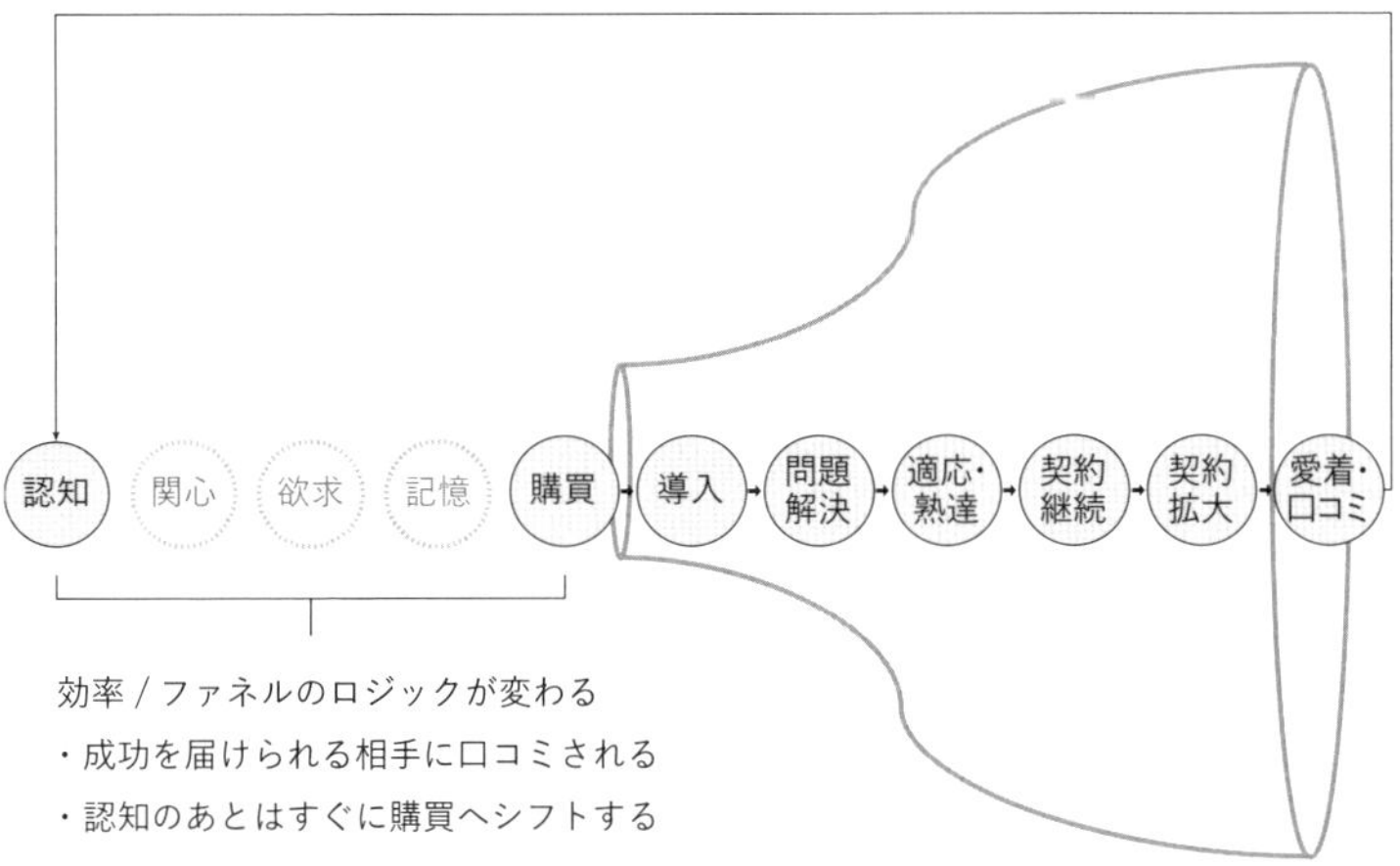

連れて来てくれる。**図2-15**はそのイメージだ。この域に達すれば、誤解を恐れず言うと「数打てば当たる」式に陥りがちな従来のファネル原則がゼロから見直しを迫られる。と聞くと、従来の営業やマーケティングの経験・スキルを武器にしている人は不安を覚えるかもしれない。しかしチャンスと考える企業は多いだろう。なぜなら、これまで必須だった先行投資を大幅に抑制でき、かつ加速的に売上が成長する素晴らしい世界だからだ。

この舞台の勝負どころを説明する前に、カスタマーライフサイクルに関する基本用語を補足したい。**図2-16**は、**図2-14**に示した買い手視点の段階それぞれに対応する売り手視点の呼称をカタカナで付記したものだ。再び聞きなれないカタカナで恐縮だが、これらの言葉はカスタマーサクセスの基本用語なので、ぜひ原則とセットで理解してほしい。

「オンボーディング」はカスタマーがプロダクトを買った直後から始まる。プロダクトを仕事や生活での実際の利用環境におき、ID登録や基本設定を済ませ、利用者に一通り使い方を理解してもらうことで各自が迷わず自立的に使えるようにする段階だ。通常、数日、数週間、数ヵ月といった一定期間で定義され、その間に最適化されたステップや方法論に基づいて必要な活動を実施する。

図2-16 カスタマーライフサイクル（その4）

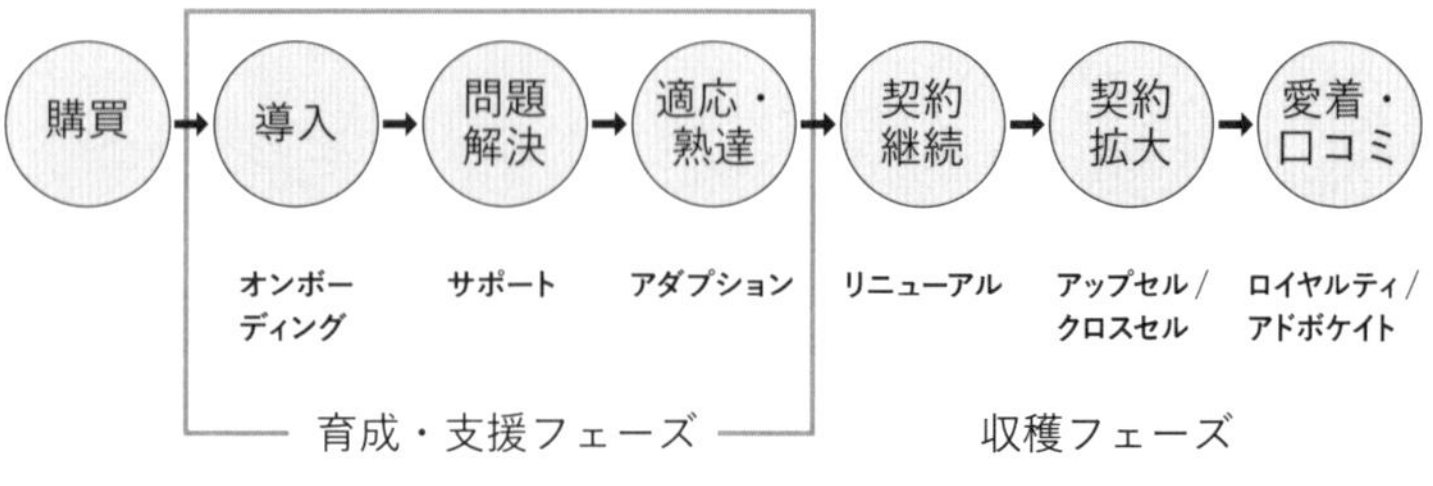

「サポート」はカスタマーがプロダクトを利用中に問題を抱えたり質問が生まれたりした時に単発的に生じる段階だ。問い合わせを受け取る（「チケット発行」とも言う）ことで始まり、問題が解決したことを確認して終わる。一般的に「カスタマーサポート」とか「コールセンター」と呼ばれる機能が深く関与する。なお「サポート」は「支援する」という一般動詞としてよく使われる言葉だが、カスタマーサクセスに携わる人が「サポート」と言う時はこの段階、即ち「明確な始まりと終わり、そしてその原因となる事象が存在する特定の期間」を意図することが多い。

「アダプション」は、オンボーディングが終わりサポート中でもないカスタマーに対し、プロダクトをより使いこなしてより高い価値を出してもらうのに必要な活動を実施する段階だ。目先の目標は「リニューアル」や「アップセル／クロスセル」だが、それらはあくまで通過点であり、究極的に目指すのは「ロイヤルティ」の段階だ。そこが、明確な終わりがあるオンボーディングやサポートと異なり、故に終わりなく続く「ジャーニー」と呼ばれるのが相応しい段階である。

「リニューアル」はカスタマーが利用中のプロダクトの更新契約に、「アップセル」は同じプロダクトを買い増す契約に、「クロスセル」は違うプロダクトの新規契約にハンコを押してくれる段階だ。

「ロイヤルティ／アドボケイト」はリテンションモデルの究極の目的だ。カスタマーがプロダクトを利用することで成功を手に入れ、「これ無しでは仕事／生活ができない」状態（ロイヤルティ）になり、さらに愛着の感情もある。結果として、口コミや見込み客の紹介などが自然と生まれている段階（アドボケイト）だ。つまりリテンションモデルの最終地点だ。

さて勝負どころはどこだろう？――営業経験者なら、売上に直結するリニューアルやアップセル・クロスセルだと思うかもしれない。現実は、チャーンのリスクが高いカスタマーに対し契約更新の直前になって慌ててあれこれ策を講じ、なんとかチャーンを防ごうとするケースが多い。しかしそれでは遅いのだ。つまり勝負どころはそこではない。

リテンションモデルの勝負は、図2-16で「**育成・支援フェーズ**」と括ったところ、即ちオンボーディング、サポート、アダプションの成否で決まる。ここで**カスタマーの成功につながる効果的な育成や支援をできるかどうかが勝負どころ**であり、その成否がリニューアル以降の収穫フェーズを左右する。ではいったい、効果的な育成・支援とは何か？――以降、その実行ポイントを紹介しよう。

▼原則2-1 オンボーディングで「ワオ!」を素早く届ける

最初にハッキリ言う。オンボーディングは勝負どころと言うより、最初に必ず超えねばならない関門だ。2－1節で紹介した起業家の神様、デビッド・スコック氏は断言する。「投資先を含む数多くの企業と一緒に仕事をする中で私が発見した、あらゆる理由の中で確実にチャーンを招く2大事由の一つは『オンボーディングにしくじる』ことです」

オンボーディングは、カスタマーがプロダクトに初めて触れ、期待値も最高潮に達し、時間と労力をかけてでも使いこなしたいという意欲満々なタイミングだ。万一そこでしくじると「期待したほど良くなかった」と一瞬で見限る。一度そう思われたら、再び前向きな気持ちに戻すのはほぼ不可能だ。

従ってオンボーディングには可能な限り最高の人材の時間と労力を割くことが重要だ。その時、「プロダクトを使いこなせるようになればいいんだな」と誤解しないでほしい。大切なのはカスタマーがプロダクトから価値を得ること、そして最終的に成功することだ。「プロダクトを沢山利用している」は、「価値や成果を得ている」と必ずしも同義ではない。そこを誤解する企業は多い。繰り返そう。**「どれだけ使っているか」より、「どれだけ価値や成果を得たか」がずっと重要だ。**

一般的に、プロダクトに初めて触れた直後に大きな成果や成功を届けるのは難しい。そこでオンボーディングでは、カスタマーが価値を実感するまでに要する時間（速さ）を重視する。価値は小さくてもいいから少しでも早く届けるべし、という考え方だ。カスタマーサクセスの世界ではこれを「タイム・トゥ・バリュー（Time to Value）」と呼ぶ。

具体的なバリューはさまざまで、たとえばプロダクトがネットワークにつながった、初めて××の機能を使った、レポートが初めて出力されたなどだ。

タイム・トゥ・バリューは買われてから間もないタイミングにおいて重要だ。ただし売り手視点で乱立したり、自己満足に陥ったりする恐れもある。そこでデビッド・スコック氏は「モメンツ・オブ・ワオ（the moments of WOW!）」、ないし「ワオ・モメンツ（the WOW! moments）」という概念を発明し、それを少しでも早く届けることが大事だと主張する。意味は至極シンプルで、利用者が『ワオ！（日本人なら「すげぇ！」とか「すごーい！」などの感嘆詞）』と叫ぶ瞬間のことだ。

筆者はこの概念を知った時、初めてMacBook（アップルのノートＰＣ）を買って箱を空けた瞬間を思い出した。梱包は必要最小限で、分厚いマニュアルは見当たらず、ＰＣの電源をオンにしてたった数ステップですぐに使えるようになった時、文字通り「ワオ！」と叫んでいた。「美しいほど簡単にすぐ使い始められる」というMacBookの価値に感動し、買ってよかったと心からしみじみ嬉しくなった瞬間だ。こうした体験が、単なるチャーン防止を超えて感情的な愛着を引き出すのにどれほど大切かは説明不要だろう。プロダクトに初めて触れたばかりのカスタマーにこそ、ワオ・モメンツを1秒でも早く届けることが非常に重要だ。

それを愚直に実践する企業は多い。たとえばネットフリックス（Netflix）。オンライン

ＤＶＤレンタルおよび映像ストリーミング配信事業を営む米国の企業だ。ネットフリックスのワオ・モメンツは、登録直後に初めてネットフリックスへログインして映画を見る瞬間だ。そこで狙い通り「ワオ！」と叫んだカスタマーは、高い確度でネットフリックスなしの生活が想像できなくなる。逆に、登録直後にログインして映画を見ないカスタマーはチャーンの可能性が恐ろしく高いことも知っている。もしあなたが登録直後でまだ映画を見ていないカスタマーだったなら、あの手この手でログインを促すメールが頻繁に届くことになる。

▼原則２-２　カスタマーがイライラする負荷をなくす

『おもてなし幻想』（実業之日本社、２０１８年）という書籍を読まれただろうか？――「読みました」という方に原則２－２は説明不要だろう。もしまだなら、ここで話す内容はにわかに信じがたいと思うかもしれない。

同書は著者マシュー・ディクソン氏らによる調査研究の膨大なデータと共に、これまでの常識を覆す事実が数多く紹介されている。原書の出版は２０１３年で、ハーバードビジネスレビューに掲載された彼の記事「Stop Trying to Delight Your Customers」と併せて米国ではよく知られる存在だ。

同書が紹介する事実のうち、ここで特筆すべきは以下2点だ。

- 期待を上回るサービスで顧客を感動・満足させてもロイヤルティ向上へのインパクトは低い
- エフォートレスを追求することでロイヤルティ消滅を防止する方が、はるかにインパクトが高い

これを筆者なりに乱暴に言うとこうなる。

エフォートレスはロイヤルティと強く相関するが、感動や満足とロイヤルティの相関はとても弱い。

「エフォートレス（effortless）」という言葉の意味を説明しよう。米国ではよく耳にするが、日本では馴染みの薄い言葉だ。先の著書も原題は「エフォートレス体験（The Effortless Experience）」だ。同書の本文では「エフォートレス」を「顧客努力の低減」と訳している。恐縮ながら、その訳語では大切な意味やニュアンスが一切伝わらないと危惧している。とても大切な言葉なので、本書の読者の皆さんにはぜひ「エフォートレス」をそのまま使ってほしく少し丁寧に説明したい。

カスタマーサクセスの世界で用いる「エフォート」を筆者なりに定義すると「カスタマーがプロダクトを使うために要した時間やエネルギー」だ。単なる時間やエネルギーという概念を超え、イライラする・辛い・したくないという感情・経験・作業を伴い、考えるのさえイヤ、あー面倒くさい！（イライラ）、ゼロにできたら理想、といったニュアンスがある。それは、勤勉・コツコツ・良い行動・沢山するほど理想、といったニュアンスのある「努力」とはかなり異なる。

一般的に用いる「エフォートレス」は、「骨の折れない・努力の要らない」という意味の形容詞だ。女性なら、エフォートレスなお洋服とかコーディネイト、といった表現を聞いたことがあるだろう。とてもおしゃれに見えるのに、着ている本人はリラックスできる、肩ひじ張らない、疲れないという〝快適さ〟を強調するニュアンスがある。一方、ビジネスで用いる「エフォートレス」は、上述のエフォート（イライラ）が要らないという〝超不快の排除〟を強調するニュアンスが強い。

エフォートレスという言葉が最も頻繁に登場するのはサポートの世界だ。過去数十年間、サポートの良し悪しを測る2大指標は、問題解決に要した「時間」と「コスト」だった。しかし米国では先の著書以降それが時代遅れになり、代りにエフォートレス体験を評価する指標が現れた。仮に従来一日かかった問題解決が半日に短縮されたとしても、カスタマーの感じるエフォートが同じで、エフォートレスな体験を届けられていないなら、それは改善ではない・改善の余地あり、という考え方だ。

エフォートレスは主観だ。客観的な事実が全く同じでも、どれだけエフォートを要したかはカスタマーによって異なるからだ。そんな主観的な指標を信頼してよいのか？と思うなら、逆に質問したい。多くの企業が親しんできた「顧客満足度調査」は主観的な指標ではなかったか？

満足指標よりエフォートレス指標に注目する米国企業は増えている。満足はロイヤルティ向上にほとんど貢献しないが、エフォートレスはロイヤルティ消滅の防止に直結するからだ。

先の書籍は次の事実を豊富なデータで証明する。利用者として眺めると意外と納得感がある。

- 問題を抱えた顧客の心は「感動させるサービスは要らないから、とにかく早く問題を解決し、再び今まで通りに使えるようにしてほしい」という感情で満ちている
- ロイヤルティが消滅する主要な要因五つのうち四つは、不必要なエフォートを要したことに起因する
- ひどいカスタマーサービスを体験した人が否定的な口コミをする可能性は非常に高い（65％）

- 「満足している」と「その後のロイヤルティ」の間に統計的な相関関係は全くない
- チャーンする顧客の6〜8割は、直前の調査で非常に満足・満足と回答している

エフォートレス体験を重視すると、カスタマーに対峙する姿勢と行動が大きく変わる。リンクトイン（LinkedIn）でカスタマーサクセス部門をゼロから立ち上げたペリー・モナコ氏は言う。

「古い価値観だと、カスタマーから問い合わせがあった時に『こちらでは分かりかねます。担当者にお繋ぎしますのでそちらでお願いします』と答えても問題ないと思うでしょう。しかしカスタマーファーストの精神をもつ弊社では、電話を受けたその人が責任を持ってカスタマーの問題を解決する義務があるんです。同時に**カスタマーを教育して『次にその問題が生じた時はここに電話せずに自分で解決してくださいね』と伝える必要**もあるんです」

問題が生じた時に問い合わせ先が分からない、問い合わせたが電話を転送された、転送先でゼロから説明させられた、画一的な対応で結局解決しなかった、という経験は誰にでもある。すべて「エフォートレス体験」とは真逆で、ロイヤルティが瞬時に消滅し酷評を

思いきりシェアしたくなる瞬間だ。つまり、問題を抱えたカスタマーを、**将来二度と同じ課題を抱えないように労力をかけてでも正しい方向へ導くのは、エフォートレス体験を届ける上で必須かつ非常に重要**なのだ。

「エフォートレス体験を届ける」を日本語で平たく言うと「イライラする負荷をなくす」だろうか。そう聞くと、サポートに限らないと気づくだろう。実は原則2-1で説明したオンボーディングでも、「ワオ!」を素早く届けると同時に、イライラする負荷をなくすことが非常に重要だ。プロダクトに初めて触れるオンボーディングはワクワクする時間だが、同時に不慣れな新しいことを学ぶためイライラもする。それを少しでも排除することが「エフォートレス体験を届ける」だ。エフォートレス指標を開発し、オンボーディングを終えたカスタマー全員に調査する企業もある。

繰り返そう。イライラする負荷をなくす、即ちエフォートレスな体験を届けることは、オンボーディング以降の育成・支援フェーズ全体を通じて常に非常に重要である。

▼原則2-3 漏れなく確実に成功を届ける

育成・支援フェーズで一般的に最も長い期間を占めるアダプションは、1社でも1人でも多くのカスタマーへ成功を届けるべき段階だ。仮にカスタマーサクセス部門に配属直後の新人が担当してもカスタマーへ確実に成功を届けることが非常に重要だ。なぜなら、その成否が後半の収穫フェーズに大きく影響するばかりか、カスタマーサクセスの究極の目的達成も大きく左右するからだ。

原則１－３で「成功が届いたか確認する」ことが大事だと述べた。実は⑴確認／測定するのは最初の一歩で、その続きがある。測定結果を踏まえて⑵基準値に基づき成否を判断すること、⑶成否に応じて取るべき打ち手・行動をあらかじめ決めておき誰が担当しようとも確実に成功を届けることだ。

⑵のポイントは、「これを下回るとマズイ」という基準値を会社が定義し、常にそれに則って判断する、つまり判断の質を担当者個人の裁量に委ねないことだ。加えて、成功の具体的な定義はカスタマーごとに違うため、基準値も基本的にはカスタマーと議論して決めるのが理想だ。それを契約前の営業時から議論し始めるという、理想的な営業実務を実践する企業もある。

⑶のポイントは、とるべき行動を担当者個人のビジネスセンスや経験値に頼らず、組織として定義することだ。米国ではよく会社が「プレイブック（Playbook）」を用意して組織全体で共有し常に判断や行動の拠り所とする。「プレイブック」とは、各社の経験や英知に基づく定石が書かれた戦略集だ。アメリカンフットボールの「プレイブック（フォーメーション別に相手の動きに応じた対抗策が書かれた作戦集。選手はそれを全て頭に叩き

込む）」が語源で、ビジネスで用いる時も「勝負（プレイ）に勝つための戦術本」というニュアンスがある。内容もチームプレイの精神に則っている。似て非なるのが「マニュアル本（初心者でも行動に移せる手引書）」だ。プレイブックは一定以上のスキルと経験をもつプロフェッショナルがチームプレイで勝つためのものだ。

以上が原則その2「素早く・負荷なく・漏れなく成功を届けよ」の実行ポイントであり、カスタマーサクセスの勝負どころだ。原則その1と2は本書の中でもカスタマーサクセスの真髄に迫る非常に重要な部分だ。ぜひ何度も読み返して理解を深めてほしい。

成功要因③ 手放せない・外せないプロダクト

カスタマーサクセス原則その3　プロダクトチームとサクセスチームがベタベタに連携せよ

原則その3はカスタマーサクセスの前提条件、つまりプロダクトとの連携に関する原則である。

原則その2では「リテンションモデルでは買ってもらえなければ最初から勝負にならない」と断言したが、買ってもらうにはプロダクトが優れていることが前提条件だ。そして使い続けてもらうにもプロダクトが優れていることが必須だ。つまり**リテンションモデルはプロダクトに始まりプロダクトに終わる**、と言っても過言ではない。それほど重要なリテンションモデルのプロダクトだが、その価値は従来モデルにおけるプロダクト価値とは大きく異なる。その相違点をまず明確にしよう。

　購買で勝負が決まる従来モデルのプロダクトは、人の購買欲や所有欲を刺激する必要がある。価値の重要な要素は、モノとしての品質とコストのバランス、加えて優れたデザイン、ブランドイメージ、手に入れる喜びや所有を自慢する喜びなどだ。買うのに多少の努力が必要でも、その分だけ手に入れた喜びが増したり、自慢できる希少性が価値を上げたりすることもある。

　一方、購買から勝負が始まるリテンションモデルでは、購買欲や所有欲を刺激する重要性が相対的に低い。なぜなら、買い手の初期費用や買った後に競合プロダクトへ乗り換えるハードルが各段に低いので買われやすいからだ。むしろ使い続けてもらうことの方がずっとハードルが高くて重要だ。もしも買うのに努力が必要なら確実に競合プロダクトが選ばれるだろう。買われなければ勝負が始まらないが、重要なのは、

図2-17 カスタマーサクセス原則その3

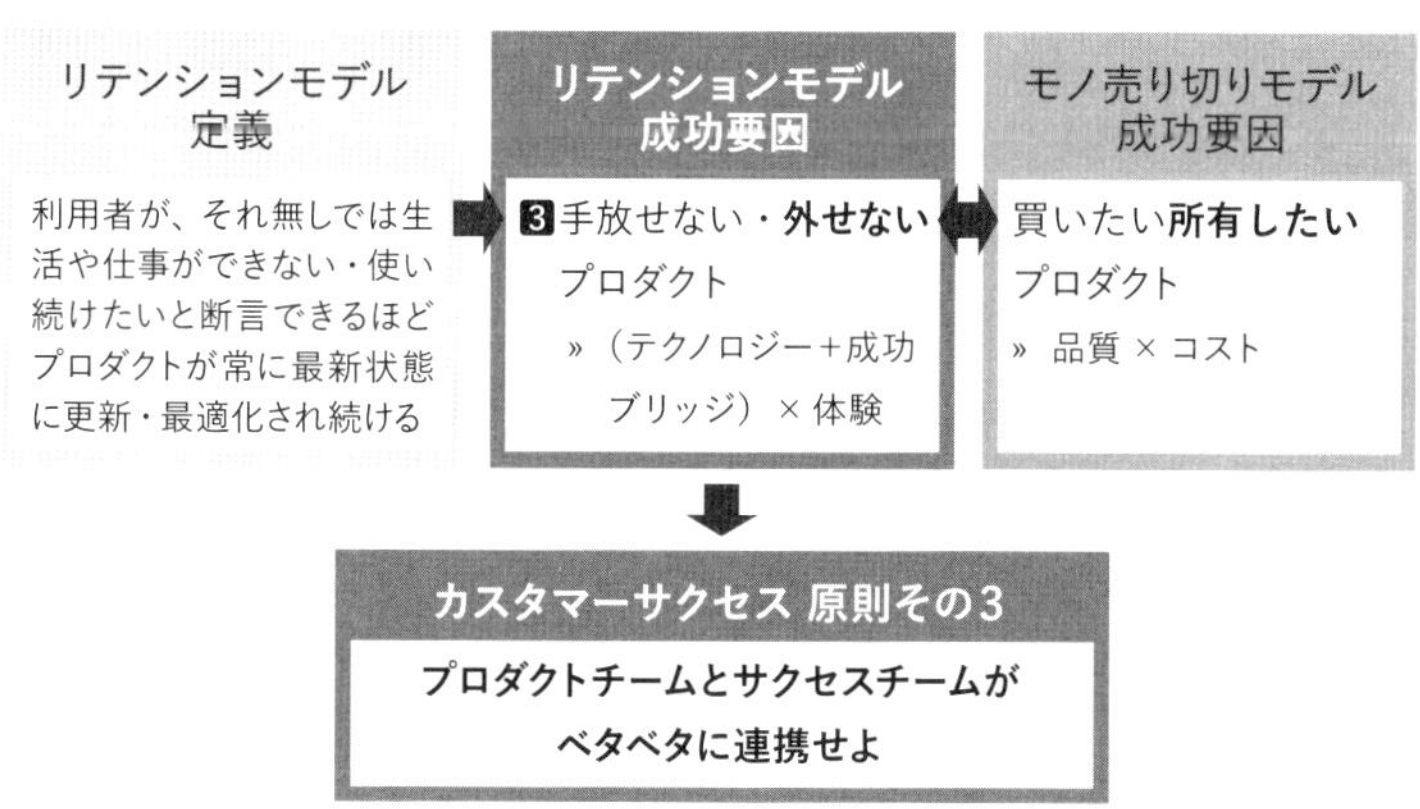
リテンションモデル定義
利用者が、それ無しでは生活や仕事ができない・使い続けたいと断言できるほどプロダクトが常に最新状態に更新・最適化され続ける
リテンションモデル成功要因
3 手放せない・外せないプロダクト
» （テクノロジー＋成功ブリッジ）× 体験
モノ売り切りモデル成功要因
買いたい所有したいプロダクト
» 品質 × コスト
カスタマーサクセス 原則その3
プロダクトチームとサクセスチームがベタベタに連携せよ

買ってもらった後に手放せない、外せないプロダクトであり続けることだ。

図2-18は、リテンションモデルのプロダクト価値を分解している。左側の円のうち最も小さい円、「機能」ないし「テクノロジー」と呼ぶ部分は、プロダクトでできるようになることの価値だ。多少の例外も承知で簡単に言えば、そこは従来モデルのプロダクト価値に相当する。一方、リテンションモデルのプロダクト価値は最も大きい円の全体だ。両者の相違点、即ちそのポイントは二つある。

一つは「成功ブリッジ」ないし「機能と成功の差分」と呼ぶ部分、即ち「カスタマーへ成功を届けるために提供する価値」と「プロダクトの機能として提供する価値」との差分だ。非常に重要な点なので少し丁寧に説明したい。

米国ではプロダクトのことを「テクノロジー」と呼ぶことが多い。エンジニアがコードを書いて開発したソフトウェアの他、デジタル技術を活用した物理的なモノ（アマゾンエコーなど）もテクノロジーと呼ぶ。プロダクトマネジャーはテクノロジーを機能として正しく動作させる責任を負う。更に細かいことを言うと、機能を正しく使ってもらうために必要なこと、たとえば実装・導入・使い方の研修・サポートなどもテクノロジー価値の一部である。

リテンションモデルではカスタマーへ成功を届けることが大切だが、カスタマーが手にしたい成功は通常、テクノロジーそのものではない。つまり、成功を届けるにはテクノロジー「以外」の価値もセットで提供する必要がある。それがこの「機能と成功の差分」ないし「成功ブリッジ」と呼ぶ部分、即ち「テクノロジーが機能すること」と「カスタマーが成功を手にすること」の架け橋である。

具体例をあげよう。ソーシャルメディアの管理や、マーケティング、営業、ＣＲＭに役立つウェブサイトを統合したハブスポット（HubSpot）というプラットフォームがある。世界１００ヵ国の５万社以上に利用されているテクノロジーだ。ハブスポットを使うカスタマーが手にしたい成功を一言でいうと「売上アップ」だ。しかしハブスポットを使いこなせても、売上アップの成果をあげられないカスタマーがいる。たとえば、ハブスポットを使うことで適切なターゲットに対しキャンペーンを告知できたとしても、その告知メールの文面が効果的でないため開封されずにキャンペーンが失敗するケースなどだ。原因は「効果的なキャンペーン告知メールの書き方スキルの不足」である。これは明らかに、ハブスポットのテクノロジー「以外」の

図2-18 リテンションモデルのプロダクト価値

（テクノロジー ＋ 成功ブリッジ）× 体験 ＝ プロダクトの価値

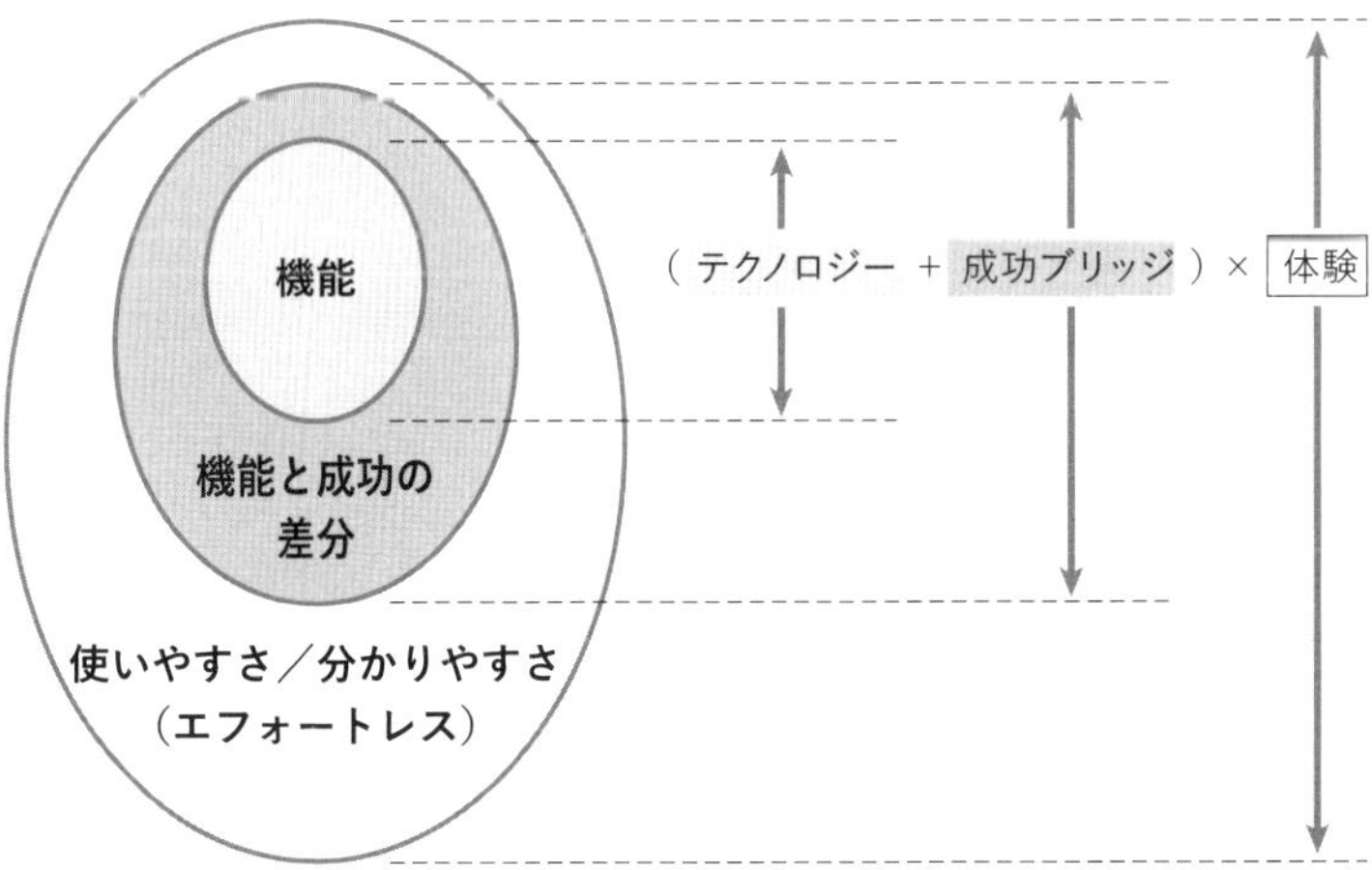

部分だ。

テクノロジー「以外」の部分は従来、売り手の関心の外だった。売り手の最大の関心事はプロダクトが買われることであり、その後にプロダクトが上手く使われなかったり、思った成果を出せていなくても、「それはカスタマーの問題だ」と認識した。

こうした認識は、リテンションモデルではチャーンに直結する。ハブスポットはテクノロジー以外の部分を「自分たちの問題」と受け止め真摯に対応した。具体的には、ハブスポットアカデミーと呼ぶ、マーケティングや営業の基礎スキルの教育を始めたのだ。教える内容はインバウンドマーケティング、電子メールマーケティング、インバウンドセールス、コンテンツマーケティング、マーケティング代理店のためのデザインなど多様だ。重要なのは、同アカデミーはハブスポットというテクノロジーの使い方を教えるのではなく、ハブスポットを使わない人にも役立つビジネスの基礎スキルを教える点だ。乱暴に言えば、ビジネスリテラシーの低い人のスキル底上げを意図した支援だ。背景にあるのは、ビジネスリテラシーが低くてもハブスポットというテクノロジーで成功できるなら大切なカスタマーであり、そのために必要ならスキルアップのお手伝いをすることも自分たちの仕事だ、という発想だ。従って、スキルの十分高いカスタマーは受講する必要がない。驚くのは、カスタマーではなくても無料で受講できることだ。また、アカデミーの他にもユーザー同士が知恵を交換するユーザーコミュニティ（グループ数150超）や、売上アップに役立つ情報を紹介するブログ（月間訪問者450万超）など、同社はカスタマーがテクノロジーを使って事業で成功するために必要なものすべてを提供している。

二つ目の相違点は「体験」ないし「使いやすさ／分かりやすさ」と呼ぶ部分だ。要は、エフォートレスな体験を提供することそのものの価値である。算式で「×」とした通り、それは「テクノロジー」と「成功ブリッジ」の両方に効く。

「使いやすさ／分かりやすさ」は従来のプロダクトでも当然意識されたが、デジタル時代はその重要性と難易度が一段上がる。平たく言うと、2－1節で紹介したボブにとってのテクノロジーの「使いやすさ／分かりやすさ」である。テクノロジーがかつてないほど急速に進化する現在、テクノロジーでできることと、人間が今のスキルでできることとの差分は加速的に広がる。エンジニアはテクノロジーに精通し過ぎていて、ボブができることとの差分や、差分を乗り越えるためのエフォート（苦痛な労力）がどこに・どれだけ存在するのかピンとこない。しかし手放せないプロダクトを目指すなら、ボブの抱える差分を正しく理解し、あらゆるボブにエフォートレス体験を提供することが必須だ。

加えて、テクノロジーの利用シーンも多様化する現在、「テクノロジー」と「成功ブリッジ」の両領域でカスタマーはさまざまな問題に直面する。そんな状況での究極のエフォートレス体験は「問題に直面しないこと（サポートへ連絡しなくてすむこと）」だ。過分なエフォートは、先端テクノロジーを使うことへのカスタマーの意欲を一瞬で消失させる。

つまり直面し得る問題や課題を可能な限り事前に解消して、あらゆるボブにエフォートレス体験を提供することが必須なのだ。

このように、リテンションモデルのプロダクト価値は従来モデルのそれと大きく異なる。テクノロジー以外の「成功ブリッジ」や「エフォートレス体験」に大きな価値があり、それが「手放せない・外せないプロダクト」になる鍵を握る。そして、そうしたプロダクトの価値を磨き上げる上で、実はカスタマーサクセスが非常に重要な役割を果たす。即ち、**プロダクトチームとサクセスチームがベタベタに連携することが非常に重要**だ。しかし現実は、両チームがベタベタに連携できている企業は多くない。なぜなら両者がもつ視点や理想のカスタマー像、目指すゴールやコミュニケーション言語などがことごとく異なるためだ。だが連携は必須で、かつ可能だ。その実行ポイントを以下に紹介する。

▼原則3-1 プロダクトチームがカスタマーの声に触れる時間をサクセスチーム主導でつくる

「ボイス・オブ・カスタマー（ＶｏＣ）」という言葉を聞いたことがあるだろう。文字通り、カスタマーの声に耳を傾けることを総称する言葉だ。一般的にビジネスでＶｏＣと言う場合、アンケート調査や対面インタビューなどで直接寄せられる声のほか、ソーシャルネットワーク上の本音の声も踏まえてカスタマーの意見や要望を収集・分析し、最終的にプロダクト（含むサービス）へ反映させるまでの一連のＶｏＣプログラムを意味する。

カスタマーの声を聞かずにプロダクトを開発する企業はない。しかし、カスタマーサクセスチームが主導するＶｏＣは、プロダクトチーム単独によるそれとは全く別物だ。最大の違いは「カスタマーの目利き」にある。少し補足しよう。

プロダクトチームにとってＶｏＣは全ての起点だ。プロダクトの開発中は市場調査を行って意思決定や優先順位づけの根拠とする。プロダクトの上市後も、実際にプロダクトを使うカスタマーの意見や要望をどんどん反映し最高のプロダクトに磨き上げていく。この磨き上げプロセスはとても重要だが、そこに落とし穴がある。あらゆるカスタマーの課題や要望を理解しようとしてより多くの人の声を聞き、届いたニーズすべてをプロダクトに盛り込んでしまうことだ。米国ではこれを「**プロダクトの死のサイクル**」と呼ぶ。真に強いプロダクトは本当に必要なものだけがシンプルに揃う研ぎ澄まされたものでなければならない。それには「削る・止める」判断が非常に重要だ。正しい判断をする上でカスタマーサクセスチームは大いに貢献する。彼らが「カスタマーの目利き」をすることで、プロダクトチームが耳を傾けるべき「この人の声が重要」を明確にするのだ。

カスタマーサクセスチームが目利きをしたＶｏＣをプロダクトチームに届ける方法は三つある。

①ラウンドテーブル

文字通り「ラウンド（丸い）テーブル」にカスタマーを招待し、プロダクトについて意見交換してもらう方法。ユーザーコミュニティのオフ会に近いが、出席者をサクセスチームが厳選した数人に絞る点が大きく異なる。

②ワン・オン・ワン

カスタマーの会社へ赴き意見交換する方法。カスタマーからは、プロダクトの採用や予算の権限を持つ人、プロダクトを管理する部門の責任者、プロダクトのヘビーユーザーのほか、経営者（社長・役員）にも同席してもらい、プロダクトを使ってカスタマーがどう成功した・するかについて議論するお互いに有意義な機会だ。

③サポート責任

プロダクトチームの開発エンジニアに週当たり数時間など決めてサポート業務を担当してもらう方法。注意すべきは、開発エンジニアには、目利きしたカスタマーによる難易度が高いサポート案件を割り当てることだ。それが担保できればこの方法は、プロダクトチームがサポートチームとも問題を共有できるばかりか、解決の所要時間が格段に上がり、カスタマーもエフォートレス体験ができるためリテンション向上にも寄与する。

▼原則3-2 カスタマーデータからサクセスチームが洞察を抽出しプロダクトチームへ渡す

原則3－1は定性情報を活かすのに対し、原則3－2は定量情報を活かす。その場合もサクセスチームがカスタマーの目利きをし、注目すべきデータを選別するという重要な役割を果たす。特に、定量情報は定性情報に比べより幅広く・数多くのカスタマーに目を配れるため、必要以上に分析の視点や範囲を広げすぎないよう注意が必要だ。無駄にデータ範囲を広げるほど洞察は薄まるからだ。

定量情報から効果的に洞察を得る例は、「これから注力したい戦略的に重要なカスタマーだが、まだラウンドテーブルやワン・オン・ワンをお願いできるほど親しくない」というセグメントについて、データから間接的に声をすくう方法だ。他には、絞り込んだセグメントの特性を見出して他のセグメントと比較することで、背後にある課題やニーズをあぶりだす方法などだ。どちらも無駄に広げず、むしろ絞り込むことで深い洞察を得る点がポイントである。ここで、サクセスチームの「カスタマーデータの分析スキル」や「絞り込むレンズ・切り口のセンス」が本領を発揮する。つまり、データ分析が得意であり本業であるサクセスチームと、開発が得意であり本業であるプロダクトチームは、互いに本領を発揮することで補完し合う最高の組み合わせなのだ。

プロダクトとサクセスの連携においてよく用いられるカスタマーデータは主に二つある。

①カスタマー調査データ

特定のカスタマーを定点観測する調査のほか、特定局面（オンボーディングやサポートの終了時や、新機能に初めて触れた時、つまずきやすい機能を使った時など）に絞った調査も効果的だ。最近はアプリ組み込み型の調査や事前設定したタイミングで自動送信される調査など、データ取得に利用できる便利で安価なツールが数多くあるため、調査の負荷を気にせず実施できる。

②プロダクト利用状況データ

説明不要だろう。実際のカスタマーの行動履歴ほど真実を雄弁に語るデータはない。

▼原則3-3 理想的なカスタマーの「人物像」と「成功への道のり」を一緒につくる

最初に断言する。サクセスチームとプロダクトチームでもし一度もこの協働作業をしたことがなければ、それぞれのチームがもつ理想的なカスタマーの「人物像」と「成功への道のり（サクセスジャーニー）」は通常大きく異なっている。

最大の理由は、両チームがカスタマーを見る時のレンズと目的が全く異なる傾向にあることだ。

一般的に、プロダクトチームのレンズは「テクノロジー精通者のレンズ」だが、カスタマーサクセスチームのそれは「カスタマー精通者のレンズ」だ。プロダクトチームはプロダクトの開発中も上市後もカスタマーと触れ合う時間はつくるが、サクセスチームに比べればその時間は短く密度も格段に薄い。またテクノロジーに精通したエンジニアはITリテラシーの低いボブのできないことにピンとこない。そもそも関心が薄く、ピンとこないこと自体を自覚したり課題視したりしない人もいる。結果、プロダクトチームが描くカスタマー像は往々にして、ボブのようなカスタマーの実態やテクノロジーに苦戦しながら進む道のりと大きくズレていることが多い。

一般的に、プロダクトチームの目的は「機能としてテクノロジーが正しく使われること」だが、カスタマーサクセスの目的は「テクノロジーを使ってカスタマーが事業で成功すること」だ。両チームのサクセスジャーニーを見比べると違いがよく分かる。プロダクトチームのジャーニーはプロダクト機能の使われ方を詳しく描写する（設定完了→機能A活用→機能B活用……）。一方、サクセスチームのジャーニーは、その「行間」つまり「機能A活用→機能B活用」がスムーズに進まない理由や、機能XYZが使えた上で成功を手にするまでに不足することが詳しく描写されている。

この問題の解決策はシンプルだ。サクセスチームとプロダクトチームが1〜2日オフサイト合宿など集中して話し合える時間をつくり、一緒に議論しながら理想的なカスタマーの人物像と成功への道のりを協働で一つ作り上げればいい。簡単に聞こえるが、実行すると想像以上に辛い時間になる。なぜなら、互いのレンズや目的意識が違うのに加え、普段から使う言葉や言葉の使い方も違うことが多いため、最初に言葉合わせから時間を割く必要があるからだ。しかしメリットは絶大である。この協働作業を経験すれば、先の原則3-1と3-2に大きくプラスに影響する。

▼原則3-4　共有するゴール指標を最低一つ設定して進捗を定期的に確認しあう

原則3-3が現状の立ち位置をすり合わせるのに対し、原則3-4は将来の目指すゴールをすり合わせる。一般的に、プロダクトチームのゴールはプロダクトや機能の開発件数や上市件数、開発スケジュール遵守率など、プロダクト関連の指標がメインだ。とても重要かつ必要な指標だが、サクセスチームとの協働を促進する上では残念ながらあまり役に立たない。

カスタマーサクセスは個人技ではなくチームプレイであり、チームプレイが仕組みで誘発される組織能力だ。組織の力学を正しく作ることで、誰が担当しようとも、または1人のスーパーマンに頼らずとも成果のでる組織能力を構築することがとても重要だ。その最たる方法が経営指標の運用である。

理想を言うと、すべての部門が共有する経営指標の下にサクセスチームとプロダクトチームが足並みを揃えるのが望ましい。しかしそうした指標は往々にして売上や利益などの上位概念で設定され、それが各部門に落ちた瞬間に部門独自の指標に読み替えられてしまうことが多い。そういう落とし穴を避ける方法は、サクセスチームとプロダクトチームが直接話し合い、共有するゴール指標を最低一つ設定することだ。

一般的に、以下3領域のどこかに焦点をあてて共有ゴールを設定することが多い。

(1)　アダプション
(2)　アウトカム（カスタマーが手にした成果・成功）
(3)　カスタマー体験

(1)～(3)のどこに注目するかは各社時々の状況による。重要なのは、なぜそれを共有ゴールに設定することが大切なのかを両チームが時間をかけて話し合い、互いに腑に落ちて設定することだ。そして決めた後は、一緒に進捗を確認し合うことが重要だ。確認することで、サクセスチームとプロダクトチームが常に同じ課題意識を共有し、将来必要なことを議論し合う土壌が生まれていく。

以上が原則その３「プロダクトチームとサクセスチームがベタベタに連携せよ」の実行ポイントだ。

何度も言おう。**リテンションモデルはプロダクトに始まりプロダクトに終わる**。どんなに優れたカスタマーサクセスチームがいても、プロダクトが優れていなければ絶対に勝ち続けられない。原則その３に関しては、実行の具体的な手段よりも、リテンションモデルのプロダクト価値、特に「成功ブリッジ（機能と成功の差分）」と「エフォートレス体験（使いやすさ／分かりやすさ）」のもつ意味と重要性を全員が正しく理解し追求することが何より大切だ。

カスタマーサクセス原則その３を、全社をあげて推進し成功しているメルカリの事例を第３章で紹介する。ぜひ併せてご覧いただきたい。

成功要因④ データからカスタマーの未来を創る

カスタマーサクセス原則その４　データの統合・分析に投資し組織全体でデータをフル活用せよ

原則その４はカスタマーサクセスの武器だ。最初にモノ売り切りモデルとリテンションモデルの戦い方をおさらいしよう。

従来のモノ売り切りモデル

- 目的　ワンタイムバリューの最大化（モノを一つでも多く売ること）
- 勝負の舞台　買ってもらうまで
- 勝負どころ　効率的な認知と配荷づくり

このモデルにおける最大の武器はモノの売り方（認知と配荷のつくり方）を知り尽くすことだ。

リテンションモデル

- 目的　ライフタイムバリューの最大化（長続きするファンを１人でも多くつくること）
- 勝負の舞台　買ってもらってから
- 勝負どころ　カスタマーの成功につながる効果的な育成と支援

このモデルにおける最大の武器は**カスタマー一人ひとりを知り尽くすこと**だ。

図2-19 カスタマーサクセス原則その４

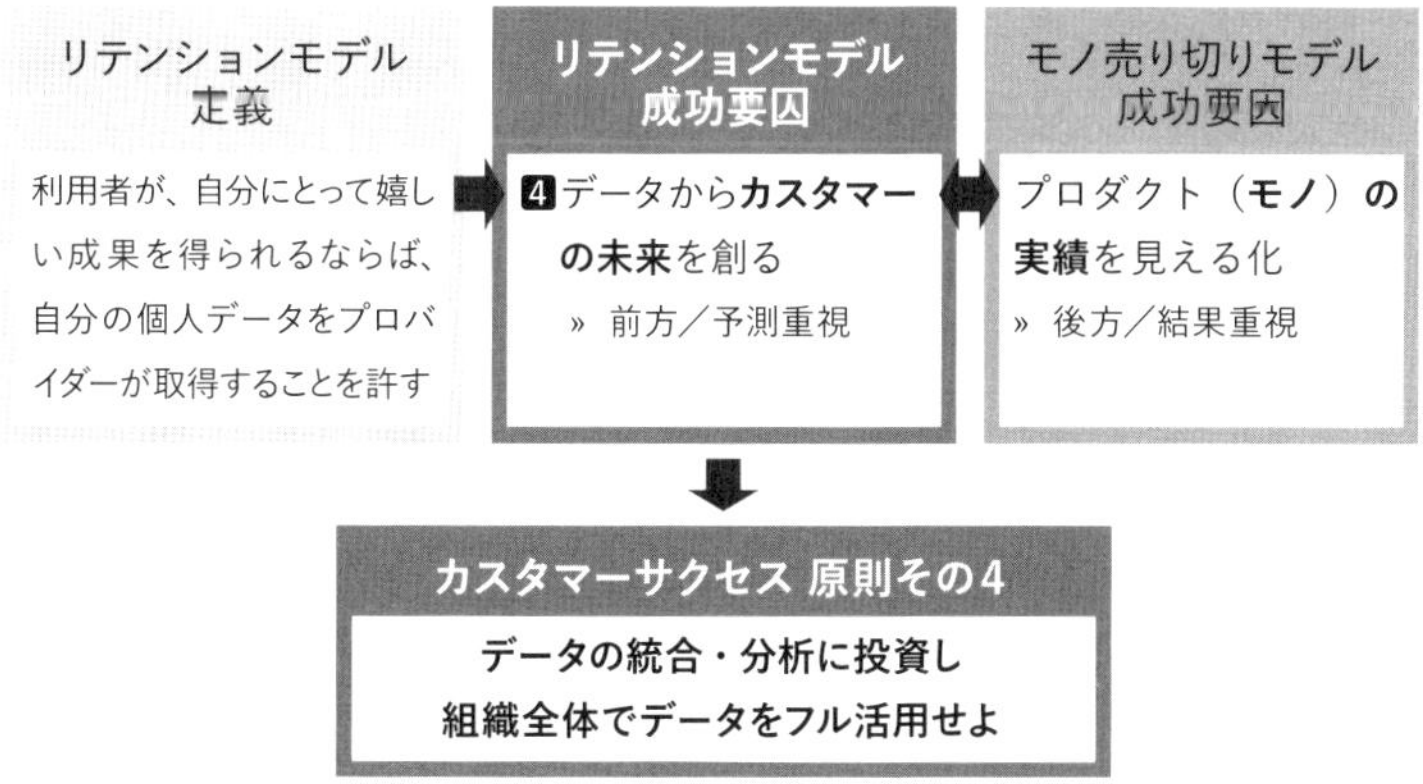
リテンションモデル
定義
利用者が、自分にとって嬉しい成果を得られるならば、自分の個人データをプロバイダーが取得することを許す
リテンションモデル
成功要因
❹データからカスタマーの未来を創る
» 前方／予測重視
モノ売り切りモデル
成功要因
プロダクト（モノ）の実績を見える化
» 後方／結果重視
カスタマーサクセス 原則その4
データの統合・分析に投資し
組織全体でデータをフル活用せよ

どちらの場合も「データ」が武器の威力の鍵を握る。

取得できるデータに限りがあった十数年前は、マーケティングも営業も過去の実績や経験豊富な人の知見に基づいて計画をつくった。その成否はモノを売り始めて実績データを見るまで分からなかった。計画以上に売れて生産が追いつかない時もあれば、早々に終売が決まる時もある。実績データをできるだけ即座に集計し、勝因・敗因を分析して二の矢・三の矢を打つが、後から打てる施策には限界があった。毎回、学びと反省を整理して次の新商品の計画に取り掛かる。その繰り返しだった。

現在は、過去十数年の間にクラウド、IoT、モバイル、センシング、AIなどのデジタル技術が普及し、取得できるデータの種類と量が格段に向上した。こうした技術とデータを活用すれば、武器の威力を竹槍・鉄砲級から超音速ミサイル級へと大幅に進化させられる。言い方を変えると、〝スーパー営業〟とか、〝神マーケター〟などと俗に呼ばれた特定の「人」の経験や知見が最も頼れる武器だった時代は終わり、現在はデータこそが最大の威力を誇る武器を手にする鍵なのだ。

実際、進化した武器を使う頭脳戦はすでに一般化しつつある。つまりデジタル技術を使った便利なツールと豊富なデータを活用することでマーケティングと営業の効率を飛躍的に上げる方法論を実践する会社が増えている。たとえば**図2-20**は、『THE MODEL』（翔泳社、2019年）の著者である福田康隆氏が開発し、セールスフォースが今も採用する組織営業のベストプラクティス「THE MODEL」だ。
THE MODELの詳細はぜひ同書をご覧いただきたい。ポイントは認知（来訪）から購買（受注）、継続にいたるカスタマーライフサイクルを流れるプロセスに要素分解して可視化し、分業による効率化で各プロセスの勝率を上げ、最終的に大きな収益成長につなげる点だ。こうした、旧来の「人」の直感や勘に頼るアプローチとは異なり、データに基づき科学的かつ再現性の高いアプローチで収益向上を追求する実務はすでに日本でも多くの企業が実践し始めている。

リテンションモデルはその定義から、デジタル技術が普及し豊富なデータが取得可能な事業環境におけるモデルだ。つまり大幅に進化した武器を前提に、THE MODELのような科学的かつ再現性の高いアプローチを実践することが最初から必要不可欠である。

リテンションモデルは原則2で述べた通り、買ってくれたカスタマーを育成・支援して成功を届けるところが勝負だ。そこで、THE MODELの「買ってもらってから」のプロセス解像度

図2-20 THE MODEL　（出典：福田康隆『THE MODEL』翔泳社、2019年）

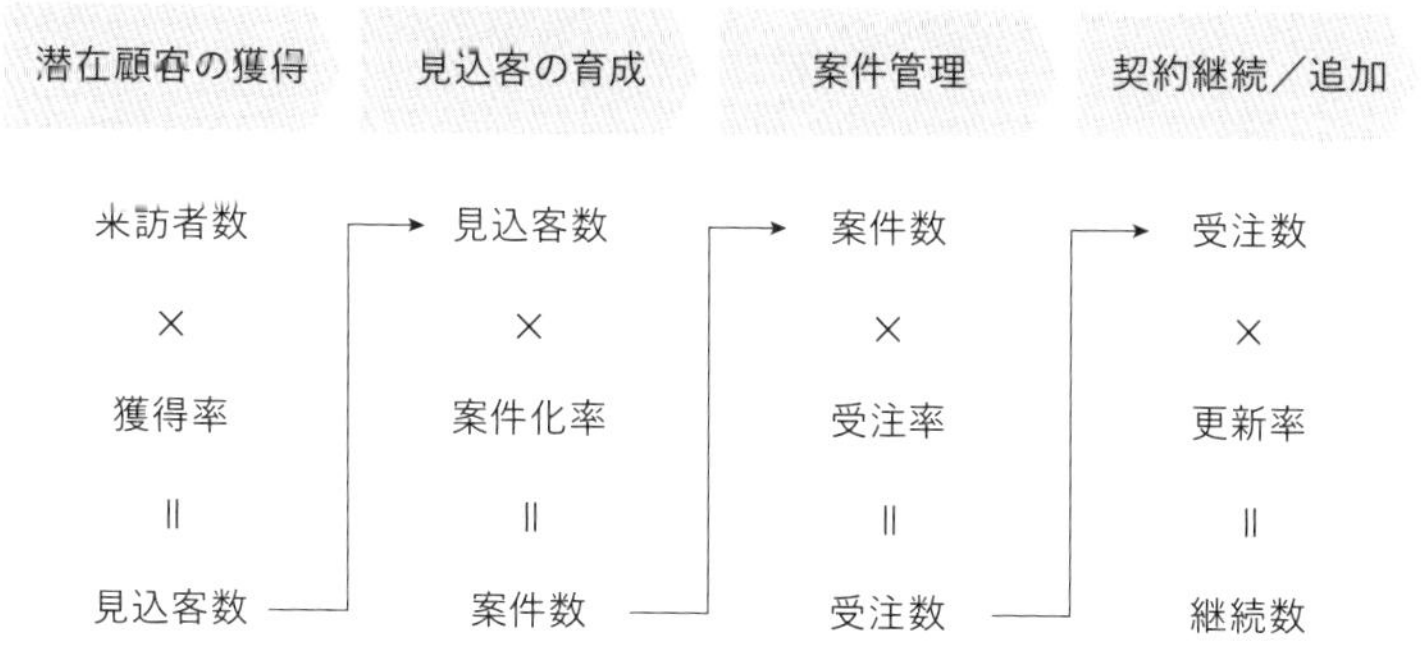

を上げた図２－21「リテンション成長方程式」に基づき「**データからカスタマーの未来を創る**」の要点を説明したい。

　リテンション成長方程式の非常に重要なポイントは二つある。

　まず、**この成長方程式はカスタマーサクセスマネジャーの人数を用いた数式ではない**、という点だ。カスタマーサクセスマネジャー（ＣＳＭ）とは、カスタマーの育成・支援を担当する専任職の一般的な呼称で、大きな顧客基盤をもつリテンションモデルの事業には必須の要職である。なおＣＳＭの職種としての魅力については付録「キャリアとしてのカスタマーサクセス」も参照されたい。

　リテンションモデルはカスタマーへ成功を届けるところが勝負、つまり図の枠線内にある「成功したカスタマー数」が、この方程式から導かれる結果、即ち事業成長を左右する最も重要な数字だ。この数字をカス

図2-21 リテンション成長方程式

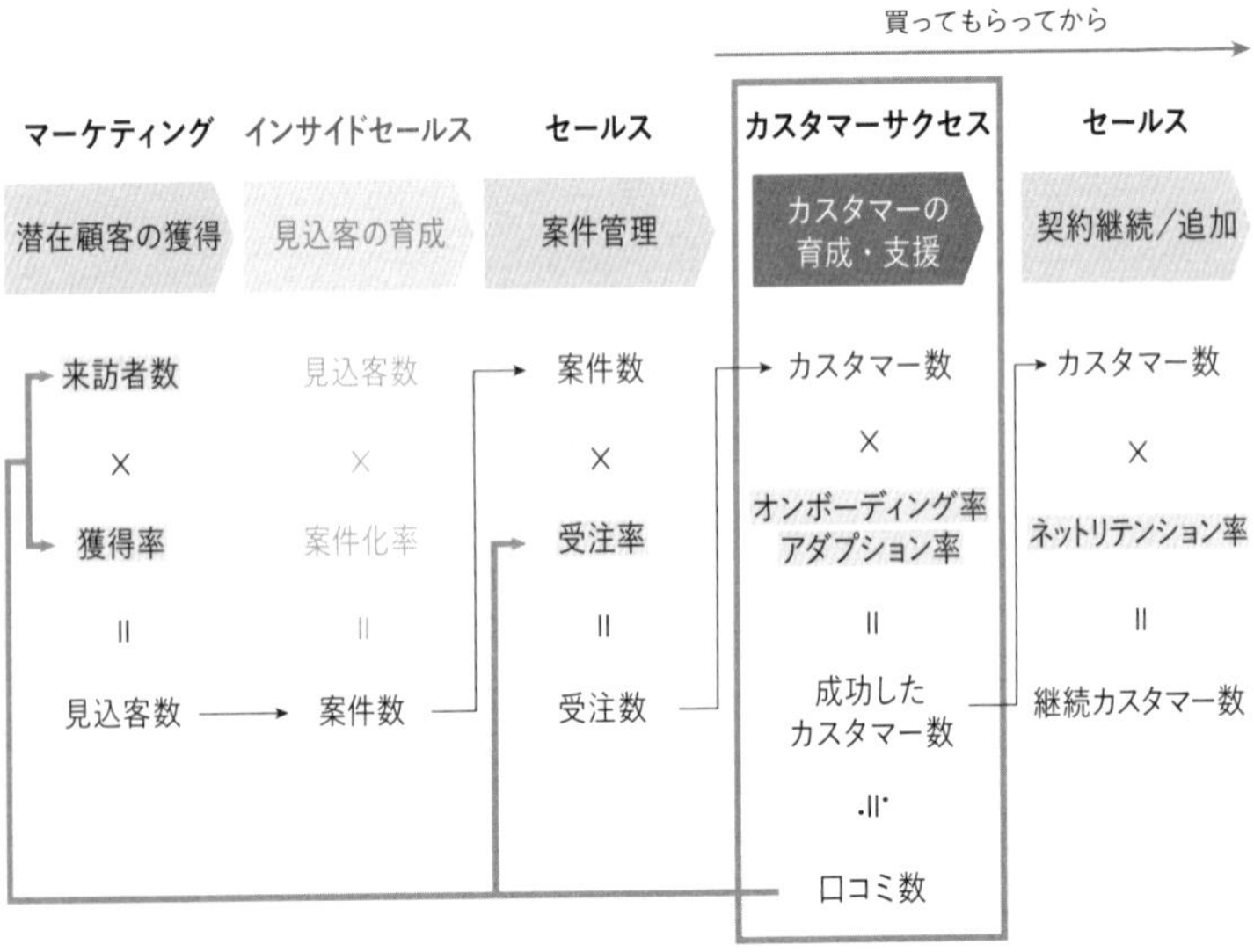

タマーサクセスで引き上げるための数式は実は二つある。一つは以下の数式だ。

成功したカスタマー数＝ＣＳＭの人数×ＣＳＭ１人当りのサクセス生産性

この数式を前提にしてカスタマーサクセス部門を立ち上げ、ＣＳＭをどんどん採用する企業は多い。ＣＳＭがカスタマーの元へ赴き、直接顔が見える関係を築いて丁寧に育成・指導をするやり方（カスタマーサクセスの世界ではこれを俗に「ハイタッチ」と呼ぶ）が最も効果的だと考えるからである。しかし残念ながら、それは大いなる間違いだ。なぜなら、この数式を採用してカスタマーサクセスを推進する限り、カスタマー数の増加に伴ってＣＳＭを採用し続けなければならず、それは企業として持続可能ではないし効率も悪いからだ。

ハイタッチの他に、メールやセミナーなど複数社まとめた顧客接点で育成・指導するやり方（ロータッチ）や、自動返信メールやチャットボットなどテクノロジーを活かした顧客接点で育成・指導するやり方（テックタッチ）もある。ハイタッチの効率が悪いならロータッチやテックタッチも取り入れればよい、と考える企業は多い。確かにそうすれば「ＣＳＭ１人当たりのサクセス生産性」は全体として底上げされる。しかし実はそれも正解ではない。ＣＳＭの人数を用いた数式を前提とする限り、カスタマー数の増加に伴って必要なCSM数は増え続けることになるからだ。

もう一つの数式は「リテンション成長方程式」内にある数式だ。

成功したカスタマー数＝カスタマー数×オンボーディング率×アダプション率

営業が受注に成功した「カスタマー数」が、カスタマーサクセスチームの活動の起点になる。「オンボーディング率」は、オンボーディングが終わり自律して使えるようになった、つまりオンボーディングに成功したカスタマー数を、全カスタマー数で除した成功率だ。注意すべきは、単に一定期間が終わって使い方を理解しただけのカスタマーは含めないことだ。**オンボーディング中に「ワオ・モメンツ」を体験し「買ってよかった」と実感してもらえて初めてオンボーディングに成功したカスタマー**と考える。そうでなければ、やがて更新期日を迎えた時に彼らがチャーン（解約）するのは確実だからだ。

「アダプション率」は、オンボーディングに成功したカスタマー数に対して「成功」を手にしたカスタマー数の比率だ。前提として、問題が生じた時もひどい体験をせず（問題解決）、プロダクトを使うことにすっかり慣れてそれが仕事／生活の一部になる（適応・熟達）ことが必須だ。そうでないカスタマーは更新期日でほぼ確実にチャーンするからだ。

またオンボーディング率と同様、プロダクトが毎日たくさん使われているとか満足度が高いというだけのカスタマーは成功率にカウントしない。**プロダクトを使って期待した成果や成功を手にして初めてアダプションに成功したカスタマー**と考える。厳密に言えば、成功を手にしたカスタマーでもチャーンのリスクはゼロではない。しかし逆に、成功を手にしないまま更新期日を迎えれば、チャーンのリスクは非常に高い。

この数式は最初の数式よりもずっと重要な意味をもつ。それはCSMを1名増やしてもオンボーディング率もアダプション率も自動的には上がらず、CSMの増員は成功率の増加を保証しないことが明白になる点だ。成功率を上げるには、データに基づいてカスタマー一人ひとりを理解し最も効果的な育成・支援をすることに尽きる。その育成・支援にハイタッチは必須ではない。つまりカスタマーサクセスの武器は**人（CSM）ではなくデータからカスタマー一人ひとりを知り尽くすこと**なのだ。

二つ目のポイントは、**この方程式は「予測的な対応」に活用できる**し、するべきだという点だ。成長方程式を使う上で最も重要なのは、データからカスタマー一人ひとりを知り尽くした後にどのような行動をとるかだ。それは受け身でも、先回りの対応でもなく、予測して意図的に仕向ける対応が最も望ましく、この方程式を用いればそれが可能になる。

三つの対応それぞれを補足しよう。

受け身の（リアクティブ：reactive）対応

- カスタマーからの働きかけ（例：問い合わせ、チャーンの連絡、追加契約の申し出など）を受けて対処する行動
- 働きかけにつながった要因を特定する原因解明分析をする

先回りの（プロアクティブ：proactive）対応

- カスタマーからの働きかけはないが、将来起きそうな働きかけの「兆し」を見つけ、働きかけられる前に先回りする行動（例：バグ修正、社長訪問、アップセル提案など）
- 結果につながる兆候と結果を変えるのに必要な行動を特定する因果関係分析をする

予測して仕向ける（プレディクティブ：predictive）対応

- 働きかけもその兆しもないが、ビックデータから統計解析等をすることで「こういう人は・こういう時・こうしたら・こうなる」という法則を見出し、その法則に則って、対象となるカスタマーを望ましい結果へ仕向ける行動
- 望ましい結果は究極的にはオンボーディング率・アダプション率の改善、ないしアップセル・クロスセルの増加。仕向ける打ち手はＵＸ改善、トレーニング、提案営業など奇策ではないが、成功確率の高い相手に最適なタイミングで仕向けるため、効果は

非常に大きい

- 「こういう人は・こういう時・こうしたら・こうなる」法則を特定する認知行動分析をする

デジタル技術が浸透した現在、膨大な量のデータ取得とＡＩを使った高度な分析のハードルが下がり、非常に高い精度の予測が可能になった。高精度の予測に基づきカスタマー一人ひとりに個別化された体験を一斉に展開すれば、好ましい行動を意図的かつ大規模に仕向けることが可能だ。難しく聞こえるだろうか。平たく言うと、アマゾンのリコメンデーションやフェイスブックのバナー広告を見て（特に深夜に）思わずクリックして購入した経験は誰にでもあるだろう、あの世界が分かりやすい例である。

ＥＣだと「思わず買わされた」と苦笑するかもしれない。しかしリテンションモデル成長方程式におけるオンボーディング率とアダプション率の向上につながる「予測して仕向ける」対応ならば、カスタマーは究極のエフォートレス体験とともに成功を得られるのだ。

以上、リテンションモデル成長方程式の重要なポイント二つを紹介した。

この二つのポイントを実践して大成長を遂げたアドビシステムズの事例を紹介しよう。同社はモノ売り切りモデルからリテンションモデルへシフトした時、ポイント１の二つの算式を経験した。当時、シフトが特に難しいと言われたSMB（Small to Medium Business：およそ社員100～500名規模の会社）部門のカスタマーサクセスをリードしたケイティ・ヘンゲル氏は言う。

「最初はカスタマーを規模で分類し、ハイタッチとテックタッチの両方を行いました。結果は悪くなかったのですが、素晴らしくもありませんでした。ハイタッチはコストの割にリテンション率の改善は目覚ましくなく、テックタッチはコストをかけない分リテンション率はあまり改善しませんでした。私たちの結論は『**これをやり続けても意味がない。違う方法が必要だ**』でした」

そこでデータに注目した。社内に眠るSMBカスタマーに関する膨大なデータと、人口統計や企業統計などの社外データ、そこにプロダクトの利用データを加えて予測スコアリングや予測モデリングを実施した。具体的に言うと、プロダクトを利用する一人ひとりに注目し、プロダクトの管理者なのか利用者なのか、ITリテラシーが高いのか低いのか、プロダクトに満足しているのか、直近に経験したサポートはエフォートレスだったかなど、**どんな人・どんな状態かをデータから理解して一人ひとりに最適なタイミングと手段で連絡**をとるようにした。結果を自動サーベイで評価し予測モデルへ随時反映させる。そうした「テストして学ぶ」を繰り返して精度を上げた**予測モデルに基づき、CSMが直接話す時間をどのカスタマーに割くべきかを継続的に改善**していった。ケイティは言う。

「新しい方法を考えた時、大半の時間は手元のデータを使って考えることに費やしました。経験から学んだ間違いなく重要な点は、あらゆる行動はデータに基づくべし、ということです。重要な教訓を一つあげるなら、もっと早くデータを掘り下げるべきだったという点です。私たちの手元にある私たちのカスタマーに関するデータが全ての起点でした」

つまり、リテンションモデルで勝つための最大の武器は、人（CSM）の力ではなく**データの力でカスタマー一人ひとりを知り尽くすこと**だ。そして受け身でも先回りでもなく、予測して意図的に仕向けながらカスタマーへ成功を届けることが重要なのだ。

▼原則4-1　データの統合・分析に投資する

デジタル技術を使って今より一段高度なデータ活用を始めようという時は必ず一定の投資が必要になる。それはカスタマーサクセスに限らないし、カスタマーサクセスでも同様だ。投資の目的は以下3点、どれも特に新しい内容ではないが奇策もない。最も大切なのは「投資が必要だ」という認識を正しくもち、先を見越して意思決定することだ。

①使えるデータを使える状態にする

マシンラーニングなどの技術を活用する場合、基本的にデータは多いほど良い。その方が分析の視点の選択肢や予測モデルの精度が向上するからだ。しかし無駄なデータが多くあっても意味がない。ゴミは分析してもゴミしか出てこない。

社内に膨大なデータが眠るのに「使えるデータがない」という声をよく耳にする。皆さん分かっているのだ。使える状態にするために必要なのは投資だ。具体的な方法、たとえばデータを統合するウェアハウスを構築すべきか、それとも既存システムの拡張機能を増やすべきか、などは各社の費用対効果を踏まえて決めることだ。大切なのは「投資が必要だ」という認識を組織でもつこと、そして先を見越して意思決定することだ。

②分析レベルを上げる

マシンラーニングなどの技術は、生まれたてのスタートアップを含めて米国では敢えてアピールする必要がないほど一般的に利用される域に普及している。

一般的に「データサイエンティスト」と呼ばれる職種がある。データサイエンス(統計解析など）スキル、エンジニアリングスキルに加え、ビジネススキルも兼ね備える非常に希少なスキル人材向けの職種だ。リンクトイン（2019年2月現在）によると、データサイエンティストが最も数多く活躍するのはIBM（約3700人）、続いてマイクロソフト（約3500人）、アマゾン（約3000人）、グーグル（約3000人）、フェイスブック（約2400人）だ。リンクトインが毎年公表する「米国で最も有望な仕事」において、データサイエンティストは2019年の堂々1位に選ばれた。データサイエンティストの求人数（約4000超、前年比56％）は、カスタマーサクセスマネジャー（約2000超、前年比80％）の2倍だ。

こうしたスキル人材を自社に全員抱える必要はないし、データサイエンス機能を備えた安価なソリューションの選択肢も増えている。大切なのは①と同様、「投資が必要だ」という正しい認識をもって先を見越した意思決定をすることだ。

③データ活用の専任者をおく

カスタマーサクセスに取り組む企業には「カスタマーオペレーション」と呼ばれる部門やチームがある。簡単に言うと、社内に存在するあらゆるカスタマーデータをフル活用することをミッションとし、データの分析や関連システムの管理・運用、カスタマーサクセスに関わるプロセス設計や人事関連の業務をする人たちで、通常はカスタマーと接触せず、専業のバックエンド機能として活躍する。②で紹介したデータサイエンティストの配属先の一つでもある。

「セールスオペレーション」という言葉を聞いたことのある人は多いだろう。社内にいて営業関連のデータ分析などを専担し、社外にでる営業担当と分業して営業効率を上げる存在だ。そう、カスタマーオペレーションはセールスオペレーションのカスタマーサクセス版に近い。カスタマーオペレーションがいい仕事をすれば、CSMは顧客接点に集中していい仕事ができる。そうしたカスタマーサクセスがハブになれば、更に営業やプロダクトにもよい効果が生まれる。

カスタマーオペレーションをいつもつべきかについては、CSMが2人以上なら専任1名とか、5人以上ならチームが必須などさまざまな意見がある。ここでも大切なのは「投資が必要だ」という正しい認識をもって先を見越した意思決定をすることだ。具体的には、チームの人数や個々人の役割・業務などの細部を決める前に、ふさわしいスキルを持つ人材をデータ活用の責任者に任命することだ。

▼原則4-2　組織全体でデータをフル活用する

カスタマーの育成や支援は、カスタマーサクセスという名の部門だけの仕事ではない。営業、マーケティング、サポートなど、部門名にかかわらず、顧客接点をもつあらゆる部門の総力戦だ。つまり組織全体がデータを活かしてカスタマーへ予測的に対応する必要がある。

①カスタマーサクセス部門

カスタマーサクセス部門は、カスタマーとの末永い関係の中で最も長期かつ高頻度な顧客接点を担う。恐らく社内で最も多くのカスタマーデータを操り、カスタマー一人ひとりの過去・現在・将来を知り尽くす存在だ。

データはカスタマーサクセスの日々の仕事に必要不可欠だ。中でも、結果指標より先行指標ないし予測指標が重要だ。たとえば「ヘルススコア」と呼ばれる手法がある。カスタマーとの関係の健全性（成功を手にする道筋を順調に進んでいるか、それともチャーンのリスクがあるか）を多面的な視点で評価し分かりやすい指標（一つの数字）で見える化する手法だ。詳細は割愛するが、カスタマーの将来の行動を見極める尺度として適切に設計されたヘルススコアは、カスタマーサクセスの実務に必要不可欠だ。カスタマーサクセス部門はこうした指標を独自に開発し、予測的な対応を日々実践する。

②営業部門

営業部門は、リニューアルやアップセル・クロスセル、要は契約にサインしてもらうタイミングの顧客接点を担う。サインをもらえるかは、育成・支援フェーズ、即ち勝負どころの成否の結果であり、方程式上で営業は収穫フェーズの担当だ。しかし現実の時間軸では育成・支援の最中に更新期日を迎えたりアップセル等の提案をする。つまりカスタマーサクセス部門と密接な連携が不可欠な存在だ。

データは営業の成否を大きく左右する。特にアップセル・クロスセルは、データを活用することで機会特定の精度と受注率を大きく改善させ、結果として営業効率を飛躍的に上げられる。たとえば、ドロップボックス（Dropbox）は企業向け事業の収益を、データサイエンスを活用することで大きく成長させた。同社のチーフ・カスタマー・オフィサー（CCO）であるヤミニ・ランガン氏は言う。

「数年前、データサイエンスを使ってアップセルの可能性が高いアカウントのシグナル20～40を特定し、マシンラーニング技術を使ってスコアリングし、勝率の高いターゲットアカウントを見つけ出すことに成功しました。そのターゲットアカウントに対し営業が大規模な営業アプローチをかけることで勝率が各段に上がり、販売費の効率も飛躍的に改善しました。今では企業向け事業収益の実に9割はこうしてターゲッティングしたアカウントからの収益が占めています」

③マーケティング部門

従来のマーケティングは買ってもらうまでの顧客接点を担った。リテンションモデルでは、カスタマーが契約にサインした瞬間に契約更新に向けたマーケティングが始まる。カスタマーサクセスの世界ではこれを従来のマーケティングとは敢えて区別し「カスタマーマーケティング」と呼ぶ。

カスタマーマーケティングは企業によって役割や仕事の内容が異なるが、一般的に研修・教育プログラムの企画・運営、イベントやセミナーの開催、キャンペーンの企画・運営、セルフサービスのコンテンツ製作、ユーザーコミュニティの運営など、カスタマーの育成・支援においてマーケティングスキルが活きる領域を担当する。即ち、カスタマーサクセスと融合して存在する。

データはカスタマーサクセスと同様にマーケティングでも必要不可欠だ。特に、オンボーディング率やアダプション率の高低を左右する要所（トレーニング、キャンペーン、イベントなど）を担当するため、それぞれの「こういう人は・こういう時・こうしたら・こうなる」法則を見出して対応することで大きな効果を出せる。

④サポート部門

サポート部門は、カスタマーがプロダクトの利用中に問題が発生した時に開始し、問題が解決した時に終了する一定期間の顧客接点を担う。時間軸でいうと主に育成・支援フェーズ中なので、他部門と同様に、カスタマーサクセス部門との密接な連携が不可欠な存在だ。

データはサポートの実務レベルを飛躍的に向上させる。文字通り「プレディクティブ(予測的な)サポート」と称するサポートを提供する企業も増えている。旧来のサポートは連絡を受けて問題を解決し、プロアクティブサポートは連絡を受ける前に問題の存在を特定してカスタマーへ知らせるのに対し、プレディクティブサポートは、発生していない問題を予知して解決しカスタマーへ知らせる。たとえば、30秒ごとにすべてのプロダクトログを取り出して大規模なデータ分析をし、既知の問題への脆弱性を予測することで問題を発生前に予知して解決するなどだ。カスタマーは「××という問題が予測されたので××を施して解決しました」という連絡をメールで受けとるだけ。一瞬あっけにとられるが、問題を抱えてイライラしたり手が止まったりせずに済み究極のエフォートトレス体験だ。

以上が原則その4「データの統合・分析に投資し組織全体でデータをフル活用せよ」の実行ポイントだ。リテンションモデルでは、デジタル時代ならではのデータ活用を推進することでカスタマー一人ひとりを知り予測的に対応することが非常に重要だという点を理解いただけただろう。

カスタマーサクセス原則その4に則りデータ活用に投資をして大きな成果をあげている

Sansanの事例を第3章で紹介する。ぜひ併せてご覧いただきたい。

成功要因⑤ スケーラビリティ構築力

カスタマーサクセス原則その5　カスタマーの手と知恵を活かせ（そのための基盤を育め）

原則その5は、原則その1〜4を実行する前提として必要不可欠なカスタマーサクセスの組織能力だ。

組織は戦略に従う。唯一絶対に正しい組織はない。事業によって、また同じ事業でも成長段階によって最適な組織は変わる。しかしあらゆる組織に共通する大切な視点というものは存在する。その最たるものは「再現性」、つまり運にも時流にもスーパーマンのような優秀な人材にも依存せず、いかなる状況でも勝ちに行ける組織をつくることだ。

モノ売り切りモデルでは、一つでも多く売れるモノ、俗に「ヒット商品」と呼ばれるプロダクトをつくって売れる組織が重視された。そのため、ヒット商品づくりに必要な要素を再現可能なプロセスへ落とし込み、

図2-22 カスタマーサクセス原則その5

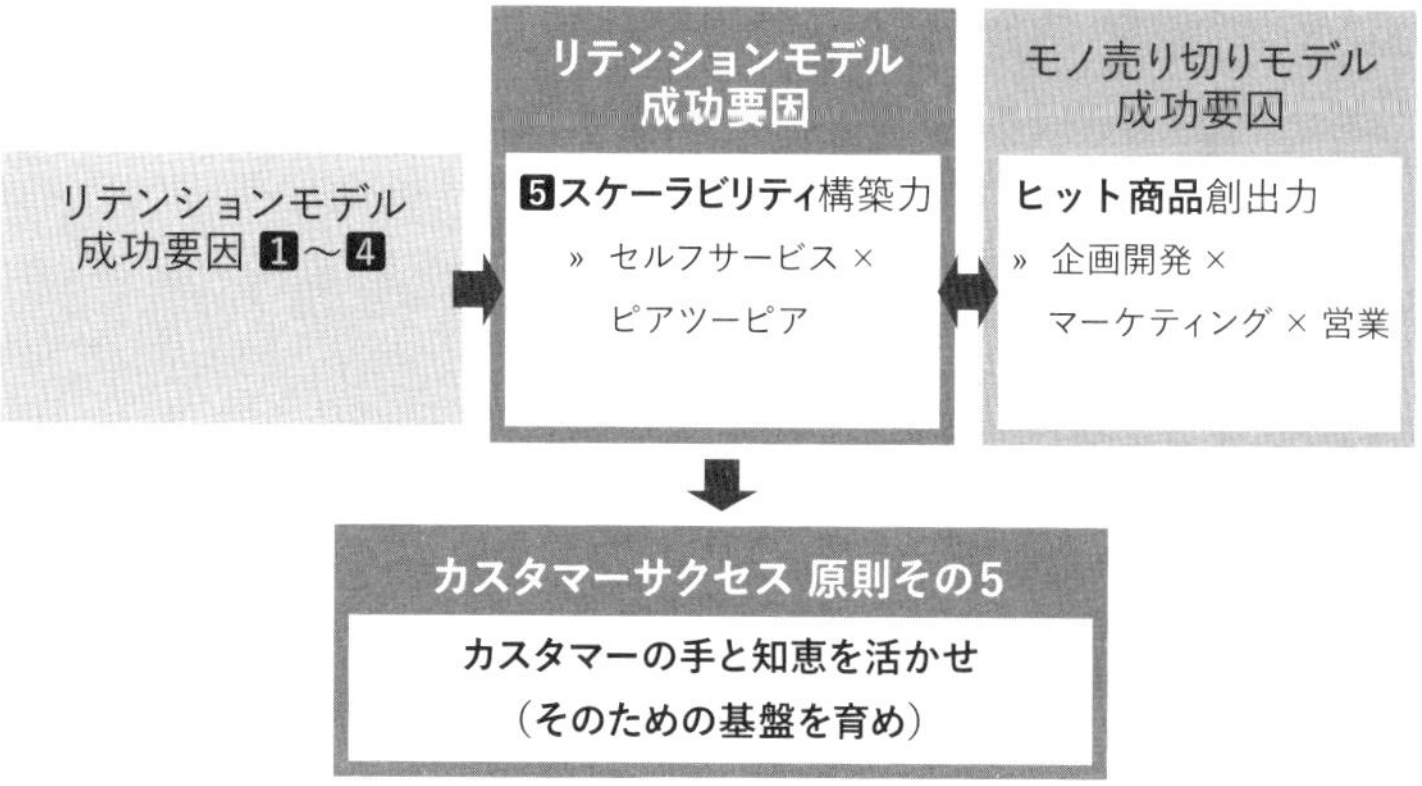

機能別の分業でプロセス効率を徹底的に磨き込み、「再現性」×「効率性」の高い組織を追求した。

リテンションモデルでは「再現性」に加え「急伸性」、つまり採用や育成に時間のかかる人材というリソースの量に依存せずに売上成長できる組織が重視される。デジタル時代は技術の進化が早く顧客も賢いため、プロダクトが優れていればいるほど指数関数的にカスタマーの数が増える。そのスピードに組織のキャパシティが追いつかなければ大きな機会損失であり、競合他社に機会を奪われるリスクを意味する。しかし人材を指数関数的に増やすのは簡単ではない。つまり、組織のキャパシティを人材の質・量に依存させず青天井で増やせる**「再現性」×「急伸性」の高い組織づくり**が何より重要なのである。

リテンションモデルの世界で、「再現性」×「急伸性」の高い組織は「スケーラビリティ（Scalability）」が高いと言われ、非常に重視される。ビジネスの世界で「スケーラビリティ」とは、ある事業の規模が急成長できる能力という意味で用いられる。事業が急成長するには、そもそも市場が大きくなければならないが、市場が十分大きければその中で急伸し勝ち抜ける能力が必須で、その鍵を握るのが組織のスケーラビリティだ。つまりリテンションモデルでは、**事業のスケーラビリティは組織のスケーラビリティに大きく依存する**という構図である。

組織のスケーラビリティを上げる方法はさまざまあるが、リテンションモデルの勝負どころ、つまりカスタマーを育成・支援する能力の高い組織のスケーラビリティを上げる究極の秘訣は二つだ。

一つは「**セルフサービス（Self-Service）**」、要はカスタマーの**自助**だ。セルフサービスとは、問題や質問したいことがある時やより良い使い方を学びたい時に、コンタクトセンターへ電話をしたりベンダー主催の研修会やイベントに参加したりする代わりに、自分で調べて解決することを総称する。具体的にはＦＡＱやナレッジがまとまったヘルプページへアクセスしたり、使い方を紹介する動画を視聴したりすることだ。米調査会社のフォレスターリサーチ（Forrester Research）社の年次調査によると、すべての年齢層でセルフサービスを好む人の比率は年々上昇し、２０１５年に初めて、問題があった時に「電話をして問い合わせる」よりも「ＦＡＱなどウェブサイトを調べる」人の比率が上回った。検索機能や自動応答機能、ＡＩを使ったチャットボットなどのエフォートレス体験に優れたセルフサービスが増えると同時に、エフォートを要するなら他へ行ってしまうカスタマーが増えているためだ。２０１５年の同調査では「質問に対する回答がすぐに見つからない時はオンライン購入を放棄する」人は55％だった。

もう一つは「**ピアツーピア（Peer to Peer）**」、要はカスタマー同士の**互助**だ。ピアは「仲間」という意味で、ピアツーピアとは、問題や質問したいことがある時やより良い使い方を学びたい時に、売り手ではなく同じプロダクトを使う仲間の話を聞き教えてもらうことで解決することを総称する。具体的には、カスタマーレビューやオンラインのユーザーフォーラムなどの記事を読んだり、ユーザーコミュニティなどのイベントに参加したり、プロダクトを使う知り合いの口コミに耳を傾けることだ。セルフサービスとの違いは、コンテンツが売り手ではなくカスタマー仲間によるものである点である。売り手の売り言葉よりも、実際に使っている人、特に自分がよく知る人の言葉を誰だって信頼するだろう。信頼できるばかりか、売り手も想定しない使い方や活用の細かいコツを学ぶこともできる。人は、自分がいいと思った経験は周囲に伝えたいものだ。ＳＮＳが普及した現在、文字に加えて写真や動画など豊富な情報と共に、非常に多くの人に一瞬で発信できるようになった。

二つに共通するのは、カスタマー自身の手や知恵を最大限に活用し、こちらの時間を都度使わずともカスタマーがやってくれる・やっておいてくれる点だ。売り手が時間を使ってするのは、**自助や互助が促進される優れた基盤をつくる**こと。その基盤の上でロイヤリティの高い少しだけ世話好きなカスタマーの数がどんどん増えれば、カスタマーの育成・支援を担うカスタマーサクセス部門やサポート部門の人数を増やさずにアダプション率を上げられる。さらにロイヤリティの高いカスタマーが口コミで新規顧客を紹介してくれたり、クロスセル・アップセルにサインしてくれたりする域に達すれば、マーケティング部門や営業部門の人数を減らしても売上が自動的・指数関数的に増えていく。それがスケーラビリティの高い組織の究極的なカタチだ。以降、その実行ポイントを紹介しよう。

▼原則5-1 自助・互助が促進される基盤を丁寧に育む

自助や互助が促進される基盤とは、上述のとおり、こちらの時間を都度使わずともカスタマー自身が手や知恵を活用してやってくれる・やっておいてくれる仕組みだ。

具体的には、FAQやナレッジがまとまったヘルプページ、カスタマーのレビューコメントや事例が紹介されたオンラインページ、ユーザー限定のオンラインフォーラム、使い方を紹介する動画集、レクチャー形式のウェビナー（web上でのセミナーを総称する言葉）、オフラインのユーザー会ないしユーザーコミュニティイベント、口コミ奨励キャンペーン、アンバサダー制度など、列記したらキリがないほど多様な形が存在する。先述のハブスポットアカデミーは充実したセルフサービス基盤の例だ。

これほど多様性に富む基盤を最初からすべて完璧につくろうとするのはナンセンスだ。最適な基盤の形は各社・時々のカスタマーに依存する。今のカスタマーにとって最適な基盤づくりから始め、事業やカスタマーの成長・成熟に応じて基盤も随時進化させることが大切だ。従って、基盤はその時々の目的を明確にしながら整備することがとても重要だ。

基盤づくりの目的は通常、以下三つの内のどれか一つないし複数に該当する。どれであろうと優れた基盤づくりに成功すれば、カスタマーサクセスマネジャー（ＣＳＭ）だけでなく、サポート、営業、マーケティング、プロダクト部門の人の負荷を大幅に減らし、かつ指数関数的な売上成長を実現できる。

①カスタマーの教育ないし問題解決

カスタマーの「使い方を知りたい」、「問題を解決したい」、「もっと活用したい」といった**顕在したニーズに応える効果的な基盤をつくる**ことだ。優れた基盤には、ＣＳＭやサポートの手を煩わさずにオンボーディング率やアダプション率を大幅に底上げする効果がある。基盤上のコンテンツが分かりやすいのは大前提で、さまざまな形態・出所のコンテンツの一元管理、効果的なタイミングに最適コンテンツを届ける学習進捗管理、カスタマーのセルフ学習や問題解決を動機づける仕掛け、首尾一貫した効果的コミュニケーションなどが重要な要素だ。

②オンボーディングないしアダプションの意識付け

ニーズが顕在化していない、つまりプロダクトに適応・熟達することへの意識が薄いカスタマーに**活用したいという気持ちを抱かせる基盤づくり**だ。登録後一定期間の利用が低調なカスタマーに対し「使ってみましょう」メールを送信したり、興味深い活用事例の動画を紹介したりして活用への意識を刺激する。メリットを付けたキャンペーンを展開するのも効果的だ。対象カスタマーは、決してプロダクトの活用に苦戦したり問題を抱えたりはしていないが、日々忙しい中で活用がなおざりになっている。そこに分かりやすく興味深いコンテンツを紹介することで、望ましいオンボーディングやアダプションへの軌道修正を図るのである。

③買いあがりの機会深耕

プロダクトを使って期待した成果を出しているカスタマーに対し、クロスセルやアップセルなどの**買いあがりを刺激する基盤づくり**だ。具体的にはまず、どのカスタマーに・いつのタイミング・どのコミュニケーション手段ないしコンテンツで提案するか、といったプッシュ型アプローチの精度を磨くことだ。加えて、プロダクトを大いに活用して成功しているユーザー（俗に「チャンピオン」と呼ぶ）をカスタマー社内で発見し・育成し・光を当てて、プロダクトを広くカスタマー社内や世の中に推奨してもらったり、特定のプロスペクツ（見込み客）に個別に推奨してもらったりするプル型アプローチを展開することも重要だ。優れた基盤があれば、営業部門が余分な人や時間を割かなくても、指数関数的な成長につながる買いあがり機会を開拓できる。

目的が明確になったら、目的とセットで効果測定の方法も決めるとよい。自助・互助の基盤は事業やカスタマーの成長に伴って随時進化させ続けることが大切なため、施策単位で効果を測定できる仕組みがあれば、トライアル＆エラーを繰り返すことでその時々に最適な形へチューニングできる。

目的の次は基盤プログラムをつくる番だ。具体的には「基盤の運用プロセス」、「活用するテクノロジー」、「担当者の役割と責任」を決め、実際に運用しながら磨き込むことであるる。詳細説明は割愛するが、ポイントはフィードバックのループが正しく回るプログラムをつくる点にある。単にコンテンツをｗｅｂに上げた「だけ」、ユーザー会を開催した「だけ」ではなく、効果を確認して基盤全体がより効果的なものに磨かれていく仕組みをプログラムとして作ることがとても重要だ。

気を付けるべきは、自助・互助の基盤は社外の人（即ち、カスタマー）の手や知恵を活用するため、売り手のコントロールを１００％効かせにくい点だ。カスタマーによる誤解や売り手の望まない利用習慣が広まったり、本当はＣＳＭが直接時間を割くべきカスタマーが放置されたり、最悪の場合はブランドに傷がついたりするリスクがある。そうしたリスクを抑えるには、基盤づくりの全体をリードする責任者の存在が不可欠だ。基盤づくりは時間軸が長い活動なので、短期ミッションをもつ人がプロセスの一部を兼務する場合などは特に、全体に目配りする責任者の存在が欠かせない。

以上のように、基盤づくりには種まき（目的を決めプログラムをつくる）と栽培（フィードバックループを回して磨き込む）が必須だ。それが「基盤を丁寧に育む」という言葉に込めた意図である。

▼原則5-2 マーケティング機能をバージョンアップする

原則4-2で「カスタマーマーケティング」という概念を紹介した。新規顧客が契約にサインした瞬間から契約更新に向けて始まるマーケティング機能だ。見込み客ないし需要の創出を目的とした従来のマーケターをハンターと称するなら、顔が見えるカスタマー相手のマーケターはファーマーといえる。彼らの目的はカスタマーのリテンション率とカスタマー企業単位の収益成長率の向上だ。

カスタマーマーケティングは、その名からマーケティング部門の仕事と誤解する人が多いが、決して一つの部門に閉じた仕事ではない。あらゆる部門でマーケティングスキルをもつ人が活躍しうる。CSMが担当する仕事もあるし、営業部門やサポート部門など複数部門を横断した連携も不可欠だ。

- **マーケター**は、各マーケティング施策の企画・運営をリードして買いあがりの見込み

機会を創出すると共に、効果的コミュニケーションのゲートキーパー役（品質の見張り役）として活躍する

- **CSM**は、各施策のターゲティングやそのためのデータ分析をしたり、NPS（Net Promoter Score の略。企業やブランドへ寄せる愛着や継続利用意向の度合いから顧客ロイヤルティを数値化する指標）調査など各種フォローアップ調査を企画・実施したりするなど、カスタマーを熟知した視点が重要な部分で活躍する
- **サポート部門**は、セルフ解決に役立つコンテンツのポイントや効果的なタグ付け、予防につながるリスク事象や連絡タイミングの定義づけなど、問題解決の視点が重要な部分で活躍する
- **営業部門**は、従来のアカウント管理の域を超えてチャンピオンを育成したり、買いあがり好機をとらえて提案したりなど、カスタマーマーケティングを売上につなげる部分で活躍する

自助・互助の基盤運営はカスタマーマーケティングの一つだ。しかし同基盤を運営すること「だけ」がカスタマーマーケティングではない。自助・互助の基盤運営以外にも必要不可欠なマーケティング活動は数多くある。たとえば、ハイタッチでの育成・支援が必要な大手カスタマーに対しカスタマイズした研修プログラムを実施したり、成功事例や推薦

動画への登場をお願いしたりすることなどだ。

自助・互助の基盤を運営し始めようというときは、基盤以外のマーケティング活動との切り分けや連携を全体最適で見直すとよい。つまり基盤への着手は、組織のマーケティング機能を、カスタマーマーケティング視点に基づいて全体最適なマーケティング機能へとバージョンアップするよい機会だ。

具体的には以下3点をまず検討してほしい。

①カスタマーマーケティングの目的と目標値／成果指標を決める

原則5-1で、基盤づくりの目的とセットで効果測定の方法を決めるべしと述べた。実はその前にカスタマーマーケティング全体の目標・成果指標をまず明確にする必要がある。その一部として基盤の目的と目標を決めることが大切だ。具体的な指標やその基準値は各社・時々によるが、大切なのは目的に照らして目標を定義すべきという点と、さまざまなスキルをもつ人材や他部門連携を前提に目標を定義すべきという点だ。たとえば、オンボーディングのテコ入れが目的であれば、オンボーディング成功率の改善度をカスタマーマーケティングの目標とし、更に関与する部門やチームへその目標を分解していくことが非常に重要だ。

②カスタマーマーケティングの役割と責任を決める

原則5－1で、基盤運用プログラムとして「担当者の役割と責任」を決めるべしと述べた。その前提として、カスタマーマーケティング全体の役割と責任を明確にしておく必要がある。そうすることで、基盤運営という視点の部分最適、即ち業務が重複したり既存ナレッジが活かされなかったり同じカスタマーに複数チームから連絡が届いたりしてしまう事態を回避できる。

③カスタマーマーケティングへの予算配分を見直す

リテンションモデルの事業では通常、2度目ないし2年目以降の契約から受け取る収益が全体の過半数を占める。にもかかわらず、新規契約を獲得するためのマーケティングへ相対的に多額の予算を割り当てている企業は未だに数多い。それは大きな間違いであり、カスタマーマーケティングへ相対的に多額の予算を割り当てる必要がある、という議論が米国では盛んだ。そうした傾向も踏まえ、①で決めた目的と目標、②で決めた役割と責任に応じて予算を大胆に見直す必要がある。

その際に注意すべきは、従来の需要創出型マーケティングは単年収支で費用対効果を示せた一方、カスタマーマーケティングは結実効果が長期に及ぶため、回収期間を設定した投資予算に近い発想が向く点だ。またカスタマーマーケティングならではの領域への投資、即ち教育トレーナーなどのスキル人材やテクノロジーへの投資を検討することも大切だ。特に後者は、自動化やＡＩなどのデジタル技術を活用することでカスタマーマーケティングの質向上と所要時間の大幅な短縮が可能になる。

以上が原則その５「カスタマーの手と知恵を活かせ（そのための基盤を育め）」の実行ポイントだ。カスタマー数の増加に合わせてＣＳＭを増やしがちな中、そうではない本質的にスケーラブルな組織づくりが非常に重要だという点とその実行ポイントを理解いただけたと思う。

2-3 カスタマーサクセスが日本に意味するところ

カスタマーサクセスの魂

「仏《ほとけ》造って魂《たましい》入れず」――この表現を初めて聞いたという若い方もいるだろう。どんなに素晴らしい仏像も魂が入っていなければ単なる木片や石と同じ、という意味だ。転じて、物事は肝心な点が欠けるとすべての苦労が無駄になる、という意味で使う。日本企業が「仏造って魂入れず」にならないよう、本章の最後でカスタマーサクセスの魂について話したい。

カスタマーサクセスに魂を入れることが日本企業にとって最も重要だと思う筆者は、「カスタマーサクセスとはいったい何か?」と聞かれた時に「**カスタマーセントリックな**

企業文化、ないしそれが根付いた企業のあらゆる活動そのもの」と説明することがある。少し乱暴な独自の定義だが、重要なのは企業文化こそカスタマーサクセスの魂という点だ。「カスタマーセントリックな企業文化」とは、**デジタル時代に無くてはならない存在になるために、カスタマーの成功を絶えず追求することを重視する価値観、ないしそれが組織に浸透していること**だ。カスタマーセントリックな企業文化が浸透した企業では、あらゆる社員が「私が何をすれば、カスタマーにより良い体験・より効果的な目標達成をもたらせるだろうか?」を常に意識して働く。

このようなフワっとした表現だと、「うちの企業は正にその通り!」と全員が言いそうなので、明解に行動で定義したい。以下三つの行動項目すべてに自信をもって「はい（Yes）」と答える企業は、カスタマーセントリックな企業文化が根付いているカスタマーセントリックな企業だ。

カスタマーセントリックな企業（定義）

1　「私がカスタマーなら」を常に考える。何かを判断する時は「私がカスタマーなら賛成か?」を必ず問い、カスタマーの成功につながることが常に最優先で意思決定される

2　カスタマー体験の良し悪しと彼らが手にした成功を数字で測定している。それが企業

の経営目標とリンクしていて、各組織はその経営目標の一翼を担うことで組織が一枚岩になっている

3 カスタマーの声を収集しプロダクトや業務に反映するフィードバックループの仕組みがある。結果として企業のあらゆる活動が首尾一貫して素晴らしいカスタマー体験に直結している

以下に「違うもの」を明確にすることで定義を補足したい。

まず一つ目。「カスタマーのこと（about / for）を四六時中考えています」と言う企業は多いが、それは「カスタマーだと思って（as / If I were）」と全く違う。後者は、カスタマーの頭の使い方、モノを見る視点、優先順位、発想の仕方、行動パターンなどを深く理解することそのものだ。心からカスタマーになりきり彼らの言語を用いて話すことだ（米国では「walking in their shoes」とも言う）。

二つ目。「満足度を調査している」とか「利用状況を測定している」と言う企業は多いが、それはエフォートレス体験の良し悪しや成果・成功を測定することと全く違う。「え?」と思った方は、2-2節のカスタマーサクセス原則その2をぜひ読み返してほしい。また測定していても、その指標と反する報酬制度で動機付けされる社員が1人でもいればそれも違う。たとえば、成功を届けられない相手と新規契約した受注額は営業の業績

評価から除くべきだ。

三つ目。「カスタマーの声を聞いている」と言う企業は多いが、その情報がある1部門内に留まっているなら「フィードバックする仕組みがある」とは言えない。特にカスタマーの声をプロダクトロードマップやサポート組織に反映する時に、部門利害の対立を交通整理して部門横断で最適な判断を下せる権限を持つ人が組織上層部にいることがとても重要だ。カスタマーセントリックな企業では、カスタマーの声があらゆる部門に共有され、エフォートレスな体験が首尾一貫して届くように顧客接点の対応が改善され続けている。

以上がカスタマーセントリックな企業の要件だ。「違うもの」を踏まえてもなお全項目「はい（Ｙｅｓ）」ならば、「素晴らしい！」と大声で称賛を伝えたい。そういう日本企業が1社でも増え、揃って急成長することを心から願っている。

中には、「全項目『はい（Ｙｅｓ）』だけど、実はうちにはカスタマーサクセスという名前の部門もチームも存在しません」と言う人もいるだろう。安心してほしい。部門やチームがあるかどうかは本質ではない。筆者の知る限り、アマゾンにカスタマーサクセス「部門」は存在しない。同社はジェフ・ベゾス氏を筆頭に組織全体がカスタマーセントリック（彼らは『カスタマーオブセッション』と呼ぶ）なため、あえて特定の部門をおく必要がないのだ。日本にも、カスタマーサクセスという言葉を知らないまま、カスタマーサクセスそのものの行動様式や組織文化が根付いている企業がある。

一方、カスタマーサクセスという名のついた部門やチームがあり、「カスタマーサクセスは彼らが責任をもって実行している（はずだ。私は関係ない）」と思う人が1人でもいる企業は、カスタマーセントリックな企業と言えない。そういう企業は自然と組織がサイロ*化し、全社で共有する経営目標への意識が薄く、部門利益が優先されて部門間の摩擦が生じやすく、結果としてカスタマーへ提供される体験は貧弱なものになり成功も届けられない。

デジタル時代に必須のリテンションモデルで成功したいなら、カスタマーへどうやって成功を届けるかを絶えず追求する「カスタマーセントリックな企業文化」が必須だ。この点をないがしろにしたままカスタマーサクセス部門をおいて原則五つを愚直に追求したとしても、それこそ「仏造って魂入れず」なのである。

繰り返そう。**カスタマーサクセスは特定の部門やチームだけではなく企業全体が実行することで成功する、という価値観が組織の全員に心底浸透していることが非常に重要だ。**

日本にとってのカスタマーサクセス

＊　組織間・部門間に高く厚い壁がある状態

ここまで読んでくださった皆さんは正しく理解されていると思うので率直に言おう。**日本にとってのカスタマーサクセスは、リテンションモデルの成功に必須のカスタマーセントリックな企業文化を根付かせるチェンジマネジメントから始まる。**

チェンジマネジメントとは一般的に、業務プロセス、組織やルール、システムを全社的に変革する時の手法だ。組織には、慣れ親しんだものを手放して新しいものを受け入れる時に心理的な抵抗が生まれる。それを前提に、変革に必要な課題や対策を洗いだして行動計画をつくり、変革の推進を組織的に支援することで変化を成功に導く手法である。日本にとってのカスタマーサクセスは、ただ単に新しい組織や業務プロセスを採用するだけのことではない。前提として、**組織一人ひとりのマインドセットを変えること、そして一人ひとりが納得する組織や業務プロセスを導入すること**だ。

もちろん、カスタマーセントリックな企業文化が根付いている企業にチェンジマネジメントは不要だ。たとえばデジタル時代の申し子のようなスタートアップや、カスタマーセントリックなグローバル企業の日本オフィスなどは、呼吸するのと同じくらい自然にカスタマーサクセスを実践している。そういう企業は実際に存在するが、残念ながら筆者の知る限りとても少ない。

大半の日本企業、特に日本を代表する大企業はモノ売り切りモデルの競争を勝ちぬいて今がある企業ばかりだ。そこが、ＧＡＦＡ*を筆頭にデジタル化の大波にのって急成長した

* Google、Amazon、Facebook、Appleの4社の頭文字で、デジタル時代の4大勝者を称する言葉

企業が層厚く存在し経済の中枢を担っている欧米と、モノづくり勝者の大企業が未だに経済の中枢を担っている日本とで大きく異なる。

本書の冒頭で、カスタマーサクセスは日本企業にこそ必須の非常に重要な概念だと述べた。背景には、チェンジマネジメントから始める日本企業はカスタマーサクセスを実践するまでに時間も労力も欧米企業より余計に必要だという現実がある。そこを軽んじ、または敢えて目をつぶって現状維持を続けたり、魂が入らないカスタマーサクセス部門をつくって安心したりすれば、市場から撤退を余儀なくされるのは時間の問題だ。

困難を承知でチェンジマネジメントから取り組みたいという日本企業にエールを送りたい。以下に、筆者の経験に基づき役立つと思うこと、具体的には嵐に見舞われても軸がブレないための覚悟と、覚悟を決めた後の最初の一歩(例)を紹介する。

①社長が時間を使って推進することが必須と覚悟する

詳細説明は不要だろう。筆者は経営コンサルタントとして十数年、数多くの組織変革に触れてきた。その経験を踏まえて断言する。社長が変革の必要性を納得していない会社で変革に成功した例はない。社長が覚悟を決めれば必ず成功するという保証はないが、覚悟がなければ必ず失敗する。

最初の一歩（例）

- カスタマーと話す。あなたの会社が変革することに賛同してくれ、かつ成功を分かちあえる理想のカスタマーをみつけ、彼らのオフィスを訪問し、開襟してもらって彼らの成功について議論する
- カスタマーと日々接している社員と話す。カスタマーデータからは見えないカスタマーの声や示唆をもっている社員からカスタマーの成功について詳しく聞き、正しく理解する
- 経営メンバー全員と集中して話し合う場を主催する。変革の必要性やその背後にある課題認識を本音で議論する。これを、経営メンバー全員が迷いのない覚悟をもてるようになるまで続ける

上記はすべて社長自ら行動しなければならない。あなたが社長でないなら、社長にこうした行動を迫ってほしい。たとえば、この人の言うことなら社長はよく耳を傾ける、という人物を巻き込み社長に進言してもらうとか、エキスパートの記事や書物や競合の動きなど社外情報の力を活用するなどだ。そうした努力をし尽くしてもなお社長が変わらないなら、残念だがあなたの能力を活かす場を見直した方がいい。

②想像以上に時間とエネルギーが必要になることを覚悟する

一般的に、組織変革は数年かかる。たとえば、従来の箱モノ売りモデルからクラウドモデルへの大転換に成功したアドビシステムズも、チェンジマネジメントに数年を要した。人の心に染み込んだマインドセットを変えるのはとても難しい。数か月で片をつけようと思って始めると必ず失敗する。

以下は、時間とエネルギーを最少化するのに有効な秘訣だ。

1　**目標と行動ルールをリテンションモデル向けに変える**

人は「マインドセットをこう変えてくれ」と言われるより「行動をこう変えてくれ」と言われる方が実行しやすい。毎日繰り返す行動が変わることでマインドの変化が後から付いてくることも多い。

2　**優先順位を明確にして時間とエネルギーを集中投下する**

時間とエネルギーは分散すると成果がでない。無限に積み上がる行動リストの優先順位を常に最新化し、利害対立は調整することで、組織のエネルギーを常にインパクトの大きい活動に集中させる。

3 **変革を論じる時の共通言語・フレームワークを用意する**

人によって異なる解釈や属人的な手法が乱立・散在すると、正しい活動が組織全体に広まらない。シンプルで解釈の余地を与えない共通言語やフレームワークを会社が用意し首尾一貫して用いる。

4 **社内コミュニケーションを用意周到に過剰なほど続けてする**

変革コミュニケーションはいくらしても過剰にならない。社長や経営メンバーによる発信は、異なる言葉や説明が不本意に乱立して誤解や混乱が生じないよう、キーワードレベルの細部を揃えるなど計画的に、しかし最大限に実施する。また組織に変革疲れがでる頃は社内の成功事例を紹介する。

5 **効率化・自動化できるところは最大限テクノロジーに投資する**

投資してでも、人にかかる負荷の最小化と変革スピードの最速化を追求する。

最初の一歩（例）

- 全社で共有する経営目標と経営チームが定期的に見る指標を大幅に見直す。たとえば、カスタマーのリテンション率やエクスパンション／クロスセル率、口コミ数などを定点

観測する指標に採用する

- 社内に眠るカスタマーに関する膨大なデータを活用する。変革行動の優先順位リストは、口先が活発な社内評論家の意見にかき回される前に、データ分析から導いた客観的な事実に基づいて用意する
- 社内への変革コミュニケーションの計画と資料をつくる。変革の共通言語やその背景の説明など、繰り返し伝える内容を用意し、経営メンバー全員が自分の言葉で同じ内容を説明できるまで練習する

③人材に相当の投資が必要になることを覚悟する

変革の主役は「人」だ。人が変わるには、一人ひとりが変革への意欲と納得感をもつことに加え、新たな仕事をするためのスキルも必要になる。勝負の舞台（買ってもらってから）も武器（デジタル技術）も全く違うリテンションモデルへシフトするには、人材のスキル強化を組織的に推進する施策が必須だ。特に、顧客接点を担う人材への投資は非常に重要で、その投資が不十分だと必ず失敗する。

最初の一歩（例）

- 必須スキルを定義し、現有人材のスキルを棚卸しして、強化すべき領域を特定する。

スキル強化にあたっては、社内人材に限らず、エコシステムへ投資して社外人材を活用することも検討する。

- 変革をリードする人材に大きな権限を与え、人材の多様性を高める。外部人材を大胆に活用することで、組織の均質性ゆえに成功の自縛にとらわれることを回避する。
- 業務プロセス、意思決定プロセス、ＩＴ作業環境をデジタル時代に即したものに変える。トレーニングで身につけた新しいスキルを日々使う環境を整え、組織全体のスキルが向上するようにする。

以上３点が皆さんのお役にたてば幸いだ。

日本人の心の中に「商いは買っていただいた後が大切」の精神はまだ生きていると筆者は信じている。ハンター（狩猟）かファーマー（農耕）かと言えば、日本人は歴史的に農耕民族だ。種を植え、手間暇かけて育み、収穫を祝い、自然の恵みに感謝するという「みんなで成功を分かち合う」行為は、勝ち負けを重視する狩猟民族よりも魂のレベルで得意だろう。

カスタマーサクセスは米国で生まれた概念だが、「米国のやり方に変える」という発想ではなく、「**日本人の得意技をデジタル時代によみがえらせる**」という発想をすると良いのではないだろうか。そういう想いを込めて、本書はカスタマーサクセスの「どうやる

（How）」を一足飛びに語るのではなく、「なぜ必要なのか（Why）」、そして「本質は何か（What）」を丁寧に紐解いた。その2点についての正しい理解を周囲と共有できれば、その後に具体的な方法論を考えて磨き上げるのは日本人が得意なところだ。素晴らしい成功事例がこれから次々と生まれることを期待している。

第3章

日本における
カスタマーサクセスの
現状

3-1 世界から見た日本

カスタマーサクセスパフォーマンス指標™ベンチマーク調査2018

2018年、著者の経営するサクセスラボは、米国のザ・サクセス・リーグ社と協働で「カスタマーサクセスパフォーマンス指標™ベンチマーク調査」を実施した。本調査の目的は、世界各国の生まれたてスタートアップから歴史ある大企業にいたる、さまざまな企業におけるカスタマーサクセス実務の「いま」を明らかにすることだ。有難いことに、日本から約80名の方が回答に協力してくださった。

本章の冒頭では「世界から見た日本」というマクロ視点にたち、同調査結果の要点を紹介したい。なお同調査結果の詳細は弊社サイトで公開している記事*1を参照してほしい。

①カスタマーサクセスパフォーマンス指標™とは

カスタマーサクセスパフォーマンス指標™（以下、CSPI）とは、ザ・サクセス・リーグの創業者であるクリスティン・ヘイヤー氏と、CSRI社プリンシパルコンサルタントで数学博士でもあるアンドレアス・クネフェル氏が、スタートアップから大企業に至るさまざまな企業での実務経験やコンサルティング経験を重ねる中で「カスタマー基盤を維持・拡充して利益ある売上拡大を実現するには何をすべきか？」という普遍的な問いへの解を見出す手段として開発した手法だ。

具体的には、各社のカスタマーサクセス実務に関する質問約30項目への回答を8軸に基づき評価する。回答者は、自社の評価結果を業界リーディングカンパニーの基準値と比較することで現在の立ち位置と改善領域を理解できる。8軸の詳細は弊社サイトで公開している記事*2を参照してほしい。

②日本企業へのカスタマーサクセス実務の浸透は他国の企業に比べ全般的に出遅れている

２０１８年のベンチマーク調査には、米国、英国、ニュージーランドに加えて日本の企業が参加した。国ごとに回答を比較した結果、日本企業の分析結果にだけ違いが見られ

＊1 https://success-lab.jp/cspi_report_fn/

＊2 https://success-lab.jp/cspi_report/

た。今回参加した日本企業のＣＳＰＩスコアの平均は他国企業の平均に比べ51ポイント低く、ネット収益リテンション率（以下、ＮＲＲ）の平均は他国企業の平均より８％低かった。なお、ＣＳＰＩスコアはＮＲＲと強い相関関係があることが同調査結果の分析から確認されている。

このことから、日本企業は全般的にカスタマーサクセスへの着手に出遅れているが、カスタマーからの収益の維持・拡大（即ちＮＲＲ）の改善余地はそれだけ大きいと言えそうだ。

③日本の事業環境ならではのカスタマーサクセスの特徴が確認された

ＣＳＰＩスコアの平均値は他国より低調だった日本だが、８軸を個別に見てみると、日本が相対的に優れている領域が観察された。**図３－１**は、日本と他国の参加企業それぞれのＣＳＰＩスコアを８軸別に比較した図だ。「チーム」と「リソース」の２軸で日本が他国を上回っているのが分かる。

チーム（Team）軸で日本のスコアが相対的に高いのは、より幅広い業務をバランスよくこなせるゼネラリスト志向が強い日本企業と、個人の職務内容を明確に定義し、特定スキルを持つ多様なスペシャリスト集団としてカスタマーサクセスチームを編成する欧米企業との文化的な違いが背景にあると思われる。絶対的な優劣はない。重要なのは、日本のゼネラリスト志向を是とした上で、チームとしてのカスタマーサクセス能力を更に上げる余地を追求することだ。たとえば、より専門性の高いプロダクト知識や、トラブルシューティングスキル、導入方法や構成方法などを熟知する「特定領域のエキスパート（Subject Matter Expert：SME）」を増やすことが考えられる。そうすれば、CSMはカスタマーとの全般的な関係構築に集中でき、必要な時にエキスパートの力を借りることが可能だ。

リソース（Resources）軸のスコアも日本企業は相対的に高い。要は、カスタマーが成功するのに役立つ情報や手段を提供することに対し、日本企業は他国企業より相対的に力を入れている。専任の担当者を付けてユーザーコミュニティを運営したり、利用ガイドブックや動画でカスタマーにプロダクト情報を提供したりする仕組みや資料を用意することが一般的な実務として浸透しているようだ。

図3-1　8軸別CSPIスコア比較

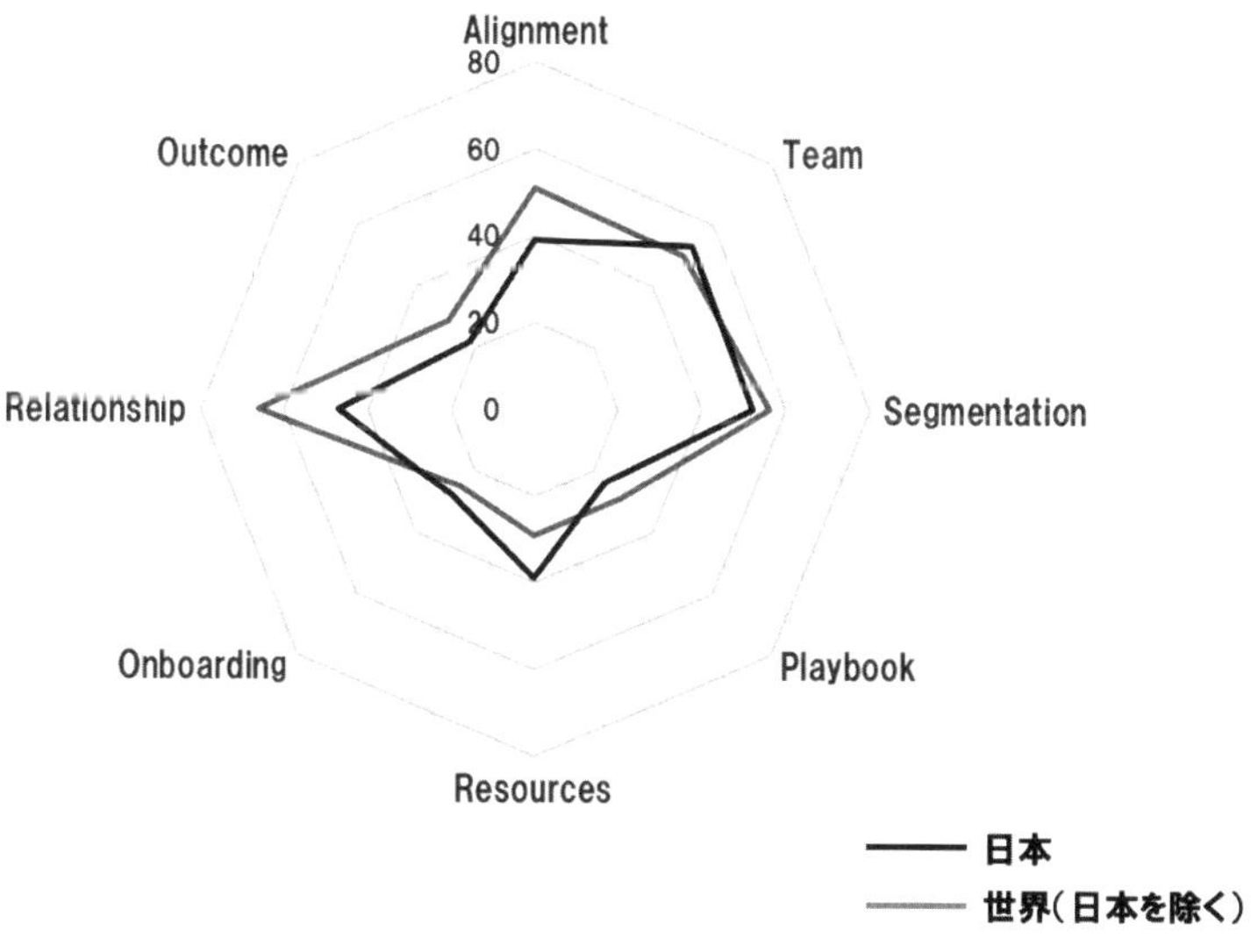

④世界のリーダークラスと同じカスタマーサクセスを推進する日本企業が存在する

本調査のサンプル数は数百社だ。つまりその平均値はあくまで参考値だ。より重要なのは、個別企業の実務に目を転じた時、調査に参加した日本企業の中に、NRRとCSPIスコアが世界トップ企業に比肩する企業が複数存在した点だ。

その筆頭例はABEJAだ。ABEJAは「イノベーションで世界を変える」というビジョンを掲げ、AI、IoTなど先端のデジタル技術を集積した「ABEJAプラットフォーム」を展開する企業である。本ベンチマーク調査では、NRRもCSPIスコアも参加企業の中で群をぬいて高く、世界トップ企業の一翼に位置した。8軸の中では特に「セグメンテーション」と「リレーションシップ」に関する実務がお手本の域にあること、加えて「アウトカム」も世界トップ水準にあることが明らかになった。

具体的には、まず「セグメンテーション」に関しては、一般的に契約額や売上高などのカスタマー属性に基づいてセグメント分類する企業が多い中、ABEJAではカスタマーが同社のプロダクトの利用から期待する事業上の成果・成功に基づいてまずセグメント分けをする。「リレーションシップ」に関しては、カスタマーと会う頻度や議論する内容・相手などの顧客接点の持ち方や目指す目標について契約締結前からカスタマーと会話を始め合意してから推進し、利用状況の変化に応じ相談しながら変えていく。さらにカスタマー同士が成功体験を共有しあい相乗的に成功の輪を広げる仕組み（ユーザーコミュニティ）を構築し効果的に運営している。「アウトカム」に関しては、カスタマーがプロダクトを利用して実現した成果実績を追跡・測定し、結果をカスタマーの主要な利害関係者と常に確認しあっている。

より詳細な内容は、ザ・サクセス・リーグ社によるＡＢＥＪＡのカスタマーサクセスを紹介する記事[*1]、およびＡＢＥＪＡ取締役の長谷直達氏と同カスタマーサクセス責任者の丸田絃心氏の共同インタビュー動画[*2]をぜひご覧いただきたい。

以上、マクロな視点から「世界から見た日本のカスタマーサクセスの現状」を紹介した。およその概況を理解いただけたと思う。次は視点をミクロに変えて各社の具体的な取り組みを紹介しよう。

＊1　http://bit.ly/2JI75E2

＊2　https://youtu.be/f9iWjgh7Mig

3-2

日本産カスタマーサクセスの事例

カスタマーサクセスは米国生まれの概念だが、日本でも本質は全く同じ実務が複数生まれている。しかしカスタマーサクセスという言葉を使わないケースも多く、米国ほど広く一般に認知されていない。そんな純粋国産カスタマーサクセスの存在を世に知らしめたいと思い、筆者は日本のカスタマーサクセスリーダーへのインタビュー動画を２０１７年から撮り続けている。そのインタビュー集から3社をここで紹介する。続きはSuccess Japanチャンネル*（YouTube）を視聴し、ぜひリーダーの生の声に触れてほしい。なお以降に登場する方々の肩書は取材当時のものである。

* https://www.youtube.com/c/SuccessJapan

1. リクルートマーケティングパートナーズ

株式会社リクルートマーケティングパートナーズは、「Cheers! Your Life. 人生に、拍手があふれる世界を」をビジョンに掲げ、結婚、まなび、カーライフなどライフイベント領域でビジネスを展開する日本企業だ。同社の主要サービス「スタディサプリ」を全国の高校へ導入した事例をまず紹介したい。

スタディサプリ（当初は「受験サプリ」）は２０１２年に登場して一世を風靡した。知らない方のために補足すると、５教科18科目の人気講師の〝神〟講義を含む講義動画４万本以上を、スマートフォンやＰＣからいつでもどこでも、月額９８０円～を払えば見放題で学べるオンライン学習サービスだ。従来の生徒向け対面講義は、教室の収容生徒数に加え、時間や予算の制約が大きかった。スタディサプリなら、地域差や所得差という教育環境格差を解消し、インターネットを活用することでいつでもどこでも好きなだけ学べる。その価値は登場した当時も今もとても斬新だ。

①「カスタマーは誰か?」そして「自分たちの提供価値は何か?」を明確に定義した

一般高校生・受験生向けで始まったスタディサプリだが、学校教育改革の機運をうけ、現在は高校でも採用されている。高校向け（ｔｏＢ）サービスは、従来の生徒向け（ｔｏＣ）

サービスに先生向けサービスが付加される。先生は、オンラインで宿題を配信して生徒に学習を促したり、到達度テストの結果を踏まえて学習進捗を管理したり、オンラインのコミュニケーションも活かして一人ひとりをきめ細かく指導したりなど、生徒の学習・進学の手助けを効率的・効果的に行える。一方、生徒は自分のペースで学べ、学校の先生や同級生、先輩から助言をもらって動機付けられながら勉強できる。

とても分かりやすい価値あるサービスだ。しかし、高校向けサービスを始めた当初の数年間に同社は痛手を負う経験をした。それは、高校向けサービスを生徒向けサービスの延長で始めてしまい、そもそも**カスタマーは誰なのか？** 生徒なのか、先生なのか、保護者なのか？ カスタマーへ届ける価値は何なのか？ という**議論が十分ではないままマーケットの拡大を図ろうとしてしまった**のだ。「営業のリクルート」と言えば、誰もがその凄さを否定しない。立ち上げて数年で導入校は千校を優に超え、売上も急成長した。問題は、その後に**継続利用につながらない高校が多数できた**ことだ。日本全国で数千校という限られた市場で、本質的な「誰に何を届けるのか」が定まっていない荒い営業をすれば、成長が止まるどころか営業先がなくなってしまうことを意味する。明らかに死活問題だった。

そこで同社は基本に立ち戻り、社内でも人によって定義がバラバラだった「カスタマーは誰か？」を徹底的に議論し、「カスタマーは先生である」と定めた。同時に先生へ提供する価値も明確にした。即ち同サービスの提供価値は、スタディサプリというツール自体でも、それが生徒に利用されることでもなく、スタディサプリを通じて先生が抱える課題を解決する、要は先生に成功を届けることが価値だという点を明確にした。成功の内容は「生徒の成績が上がり希望の大学に進学する」、「成績がふるわない生徒に学習習慣がつく」、「指導によい評判がたち入学希望者が増える」など先生によってさまざまだ。しかし共通するのは「利用される」こと自体が目的ではないということだ。どれほど多く利用されても、先生が成功を手にできなければ価値を提供したことにならない。

教育はそもそも時間がかかる世界だ。教育を使命とする先生へ成功を届けるのは一筋縄ではいかない。そこで、成功を届けることを短期で一足飛びにしようとしないことも決め、段階的に価値を提供していく道筋を明確にした。こうして、「スタディサプリというツールを入れて終わり」ではなく、必要なら導入先のシステムガバナンスを一緒に考えたり、悩んでいる先生の相談相手になったりなど、「買っていただいた後が大切」の精神を大事にした行動を広げていった。

②「カスタマーへ成功を届ける」を追求したら売り方が変わった

高校向けサービスを始めた当初は、「カスタマーは誰か？」や「カスタマーの成功は何か？」を考えるよりも短期の事業成長が優先された。即ち、ＩＣＴ化や動画活用などの先進ニーズがある学校に狙いを定め、「全生徒への導入」よりも比較的受け入れやすい「希望生徒（スポット会員）への導入」を優先して営業した。結果は先述の通り、新規顧客の獲得という意味では大成功を収めた。しかし、サービスが継続して活用される状態に至らないという重大な課題に直面した。

カスタマーは先生だ、先生に成功を届けるには全生徒がツールを使うことが大切だと誰もが納得した後は、「全生徒への導入」へ営業の舵が一気にきられた。ただし営業の難易度は上がる。そこで営業戦術を「型」として具体化したプレイブック「スタディサプリスタンダード」を作成し、営業担当全員へ時間をかけて徹底的に浸透させた。同時に、先生の成功につながる「活用提案」をマネジメント層が意識して推奨し、勉強会や事例共有を積極的に実施したり、成功事例などのナレッジ共有を推進して成果をだしたチームを表彰したりもした。

活用提案型の営業を上手く展開して同社内の栄えある賞を獲得した向後俊介氏は語る。

「先生の教育ポリシーに注目します。ただ、教育ポリシーは正面から聞いても大抵教えてもらえず、言語化のハードルも高いです。そこで僕は、先生に普段どんな授業のスタイルをとっているのかを尋ねます。そこから想像して、その先生が最も大切にしていることをつきとめています」

向後氏はさまざまなスタディサプリの使い方事例を記憶している。先生の希望にあった使い方を提案することで発想の転換を促すためだ。

「『生徒は授業の動画なんて見ない』と思い込んでいる先生がいました。僕は（見るか見ないかを議論せず）先生の抱える課題やその先の計画を質問しました。すると「自学自習の時間を増やしたい」という課題を抱えていることが分かりました。そこで動画に付属されている紙プリントを宿題に出すことを提案し、生徒が家で宿題をしていて答えにつまったらすぐ動画を観て解決できるというメリットを伝えたところ、『確かに、これは使えるね』と納得してもらえました」

向後氏の例は「カスタマーへ成功を届ける」を追求することで売り方の行動が変わったよい実例だ。

③成功を届けるためにプロダクトと営業が一枚岩になる仕組みを入れた

営業が短期の売上を優先していた頃は、プロダクトも営業の声に従い、売上の最大化につながる新機能を開発して納期通り納品することを優先した。それとともに、売った後のプロダクトがカスタマーにどう活用されているのかへ注意を払うことは次第に優先順位が低くなっていた。

先生へ成功を届けることが大切だという点を明確にしてからは、プロダクトも大きく変わった。プロダクトの価値は先生の成功へ貢献することだと捉え直し、提供価値の大きさに基づいてプロダクトの開発優先順位を決める方針に変え、そのための仕組みをとりいれた。また、営業とプロダクトのベクトルを合わせるため、両者のスローガンとＫＰＩを同期させた。加えて、プロダクトの活用データを可視化するダッシュボードを開発し、営業が活用データに基づいて先生と会話できるようにした。

④業績に貢献する大きな成果が生まれた

カスタマーサクセスを推進した結果、目覚ましい成果が実現した。営業の難易度が高い「全生徒へ導入」する高校の比率がなんと約8割まで向上。ネガティブな問い合わせは大きく減り続け、非常に高いリピート率が安定して続く状態になった。加えて、カスタマーの効果実感が進んだことで、アップセルや新規開拓の推進にも弾みがついた。その結果、売上は改革前から一層大幅に増加し、さらに将来も力強い成長が見込める事業へと生まれ変わったのである。

リクルートマーケティングパートナーズの高校向けスタディサプリ事業は、カスタマーサクセスを推進することで、モノ売り切りモデルからリテンションモデルへシフトし、目覚ましい成果と将来の展望を手に入れた。現在はこの成功事例をグループ全体に普及させる活動を推進している。なお、同社執行役員の徳重浩介氏が、このの事業のカスタマーサクセスをリードした経験を披露されるインタビュー動画*も併せてご覧いただきたい。

2. メルカリ

株式会社メルカリは「新たな価値を生みだす世界的なマーケットプレイスを創る」をミッションに、個人間（ＣｔｏＣ）で簡単かつ安全にモノを売買できるフリーマーケットアプリ「メルカリ」を展開する日本企業だ。創業から5年後の２０１８年に東証マザーズ市場への上場を果たした。２０１８年６月期の連結売上は３５７億円なのに対し、上場日の終値に基づく時価総額は７０００億円を超えるなど、非常に高い期待が寄せられている。「誰かには価値があるのに『捨てる』をなくす」という発想自体が斬新なサービスだが、プロダクトのカスタマー体験（ＣＸ）が非常に優れていることでも有名だ。

① 世界基準でカスタマー体験（ＣＸ）の改善に取り組む

メルカリジャパンのＣＥＯ田面木宏尚氏は言う。

＊　https://youtu.be/2nbW47n-ZP8

「選択肢がいろいろあるなら、便利さを頭で理解して満足するのではなく、心で満足するサービスを使いたいですよね？　心で満足した体験は必ず周囲の人に伝播します。心に残るプロダクト体験を設計し、心で満足してもらえるサービスにすることが僕の考えるメルカリのゴールです」

カスタマー体験を良くすることは「メルカリのお客さまの気持ちを十分に理解すること」そのもの。しかしお客さまはあまり本音を語ってくれないし、多種多様な声の中から「これはサービス改善の種だ」と思われる声を探し出して最適解を見つけるのは至難の業だ。そこでメルカリでは、できる限り多様な形でＶｏＣを集めることと、集めたＶｏＣをできる限りの多くの人で読み込むことをしている。

ひとつの例が「ＶｏＣ読み込み合宿」という取り組みだ。文字通りオフサイトの合宿形式で、チームに分かれて全員で事前に読んできたＶｏＣを再度読み込み、一日中さまざまな角度から討議してお客さまの声を評価し、その中からプロダクト改善の最適解を見つけていく。

もう一つの例は「メルカリサロン」と呼ばれるオフラインのイベントだ。メルカリのお客さまに実際に集まっていただき、さまざまな意見を直接聞く座談会の場だ。そこにはメルカリのプロダクトマネジャーやカスタマーサービスのメンバーが同席する。

できる限り多様なVoCを集めるため、カスタマーサービスに届く声やサロンで直接聞く意見のほか、NPSやCSAT（Customer Satisfaction の略。顧客満足度。プロダクトへの満足度合いを数値化する指標）など世界基準のプログラムも活用している。また、山田進太郎会長も小泉文明社長もお客さまからの電話を取って実際の声を直接聞くし、田面木氏もサロンに参加してお客さまの意見を直接聞く。田面木氏は言う。

「先日、60歳以上のお客さまがお集まりになったサロンに参加しました。面白かったのは、共通の趣味をもつ人とのやり取りから『こんなものを好きと思ってくれる人がいるんだ』という発見をし、出品者と購入者が仲良くなって文通が始まったというんです。売買だけでなく、お客さま同士がコミュニケーションを楽しんでいらっしゃるというのは嬉しい発見でした」

メルカリでは、カスタマー体験を良くする取り組みを始める時に大切にすることがある。それは、声をあげてくれたお客さまへ改善したことをきちんと伝えるところまでのクローズドループが回る仕組みを「プログラム」としてまず先に作ることだ。なぜなら、プログラムが無い中でVoCを集めても、ただ「聞く」だけで改善につながらないことが多いからだ。
こうした一つ一つのことすべてが、メルカリという優れたカスタマー体験をもたらすプロダクトに直結している。

②テクノロジー「以外」もメルカリの大切なプロダクト価値

メルカリは、テクノロジーだけでなく、配送というリアルな部分もプロダクトとして強化する必要があると考え、アプリを上市して半年後には配送の強化に着手した。田面木氏は言う。

「CtoCのプラットフォーム（テクノロジー）を提供するだけでは、より多くの人に使ってもらえないと思うんですね。より多くの人に使ってもらうサービスになるためには、手間を極力無くしていくことがとても大切です。配送は、手間を解消するだけでなく、いつでもどこからでも安心・安全に発送できるという、とても大切なプロダクト体験を担う部分です」

そうして生まれたのが「らくらくメルカリ便」や「ゆうゆうメルカリ便」、そして「匿名配送」だ。読者の皆さんの中にも、こうしたメルカリ独自の配送の良さからメルカリを使い続けている人も多いだろう。補足すると、らくらくメルカリ便や、ゆうゆうメルカリ便を使えば、全国一律料金で配送でき、また2次元コードを使うことで伝票へ宛名を記入する手間も不要で発送できる。日本全国の提携したコンビニエンスストアや宅配ロッカーPUDO（らくらくメルカリ便）、全国の郵便局（ゆうゆうメルカリ便）など、現在約7万8000ヵ所の配送拠点が整備されている。メルカリ便を使うと、出品者・購入者ともにお互いの住所や氏名などの個人情報を伝えることなく匿名で配送できる。

重要なポイントは、テクノロジー「以外」の部分、特に「手間要らずで安心・安全に配送できる」ことは、「誰かには価値があるのに「捨てる」をなくす」が目的のメルカリというプロダクトの重要な価値だという点だ。

こうした配送価値を提供するためのパートナー企業、具体的にはヤマト運輸、セブン-イレブン、JCBは、実は当初「CtoCとは提携しない」という姿勢だった。その壁をのり超えてメルカリが提携できた秘訣はカスタマーサポート（同社では「カスタマーサービス」と呼ぶ）にある。同社はカスタマーサポート機能が充実していることを数字も用いて時間をかけて丁寧に説明し理解してもらうことで、大手企業であるパートナーの不安要素を一つ一つ解消していった。一般的に、カスタマーサポートはコストセンターと位置付ける企業が多い。しかしメルカリのカスタマーサービスは、お客さまがプロダクトを使い続けることに直結するためプロフィットセンターの位置付けだ。

③カスタマーサクセスは全社員がお客さまのためになることを追求すること

メルカリに「カスタマーサクセス」という名の部門は存在しない。それでもこうした優れたプロダクトが開発され価値を上げ続けているのは、カスタマーセントリックな企業文化、即ちカスタマーサクセスは特定の部門だけではなく組織全体が実行することという価値観が浸透しているためだ。

田面木氏は言う。

「カスタマーサクセスは、お客さまからのお問い合わせ対応業務を行う部門だけのミッションではありません。プロダクト、マーケティング、カスタマーサービス、PR、エンジニアリング、コーポレートなど会社全体を通してお客さまと向き合う体制とマインドを持つことが前提です。社員全員がお客さまの視点で、自分の役割からお客さまのためになることを果たしていく、これがカスタマーサクセスです」

経営陣やプロダクト、マーケティングなど横断的に組織を巻き込みながらカスタマーサクセスに取り組むことは、多様なステークホルダーの合意形成が必要なため、時には困難を伴う。しかしメルカリでは、組織横断的にカスタマーの声をプロダクト開発に取り込む体制を追求している。

たとえば、アプリ「メルカリ」に寄せられる問い合わせや取引メッセージの監視、トラブル対応などを行うカスタマーサービス部門の中に、メルカリ内の取引データやお問い合わせ内容を分析してプロダクト開発をサポートする「Customer Service Product（ＣＳＰ）」が存在する。ＣＳＰはプロダクト部門のパートナーとしてお客さま目線でのサービス改善や新機能企画をフィードバックしたり、新機能や仕様変更でのお客さま対応やリスクを想定して開発側の負担を軽減したりなど、プロダクトとカスタマーサービスの架け橋となる役割を担う。

一方、プロダクト部門の中には「Customer Reliability Engineering（ＣＲＥ）」が存在する。グーグルが２０１６年に始めた専門職であるＣＲＥ*を参考にしたメルカリのＣＲＥは、「そもそも問い合わせが発生しない」ようなアプリの使いやすさの改善や、トラブルにつながる商品を自動的に発見しマーケットを健全化するモニタリングツールの開発などを包括的に行う専門チームだ。メルカリのＣＲＥは、ＡＩなどのデジタル技術を活かしてお客さまの手間を大胆に省くなど、カスタマーのニーズにより近づくために優先して注力することが決まった象徴的なプロジェクトでもある。

このようにメルカリでは「お客さまのために」があらゆる部門の原動力になっている。

＊　http://bit.ly/2Hq9pNb

なお、メルカリジャパンCEOの田面木宏尚氏によるインタビュー動画*もぜひ併せてご覧いただきたい。

3. Sansan

Sansan株式会社は「出会いからイノベーションを生み出す」をミッションに、法人向けクラウド名刺管理サービス「Sansan」と、個人向け名刺アプリ「Eight」を展開する日本企業だ。2007年の創業当初より当時日本ではまだ珍しいサブスクリプションモデルの事業をスタートし、2012年に国内企業ではじめてカスタマーサクセス部門を創設した。現在のカスタマーサクセス部門は、同社のプロフィット部門として40名以上のメンバーが活躍し、約6000件のSansan導入企業の成功を支えている。日本企業の中でトップクラスの実績と規模を誇るSansanのカスタマーサクセスは、今では多くの企業から注目を集める存在だ。以降、彼らのデータ活用面に光を当てた事例を紹介したい。

①2018年にゲインサイトを他社に先駆けて導入

* https://youtu.be/K5K3KZJ30r4

同社は2018年に、カスタマーサクセスプラットフォームの世界トップブランドであるゲインサイトを日本企業として初めて導入した。カスタマーサクセス部門をゼロから立ち上げた、同社の共同創業者で取締役の富岡圭氏は言う。

「当時から今も変わらないのはカスタマーサクセスの姿勢です。プロダクトをお客さまに使ってもらうことで顧客価値を生み出していこうという姿勢は一貫して変わりません。当時から大きく変わったのは、データドリブンな仕組みを取り入れたことです」

Sansanというサービスはメリットを実感してもらうのが難しく、そもそも使ってもらわなければ価値も出せない。つまり顧客価値を生み出すために「まず使ってもらうことが大事」という想いからカスタマーサクセス部門が創設された。従って当初はオンボーディング支援が重視された。

カスタマー数が急増した結果、オンボーディング終了後の利用状況まできめ細かく把握することが難しくなり、メンバーの数も急増して属人化した実務が散見され始めた。加えて事業の成長フェーズが、「使ってもらう」すなちオンボーディング率アップから、「価値を出してもらう」即ちアダプション率アップによるネットリテンション率（NRR）アップへと軸足を移す時期にきていた。そこで、データからカスタマー一人ひとりを知り尽くし予測的な対応をとるカスタマーサクセスへと進化させることを目的に、ゲインサイトという世界標準のプラットフォーム導入を決めたのだ。

ゲインサイトは単なる「テクノロジーを使った便利なツール」ではない。ツールの裏にある、成功した数多くのグローバル企業の実務ノウハウや、利用する企業各社が最適解を考えるのに役立つフレームワークといった無形資産の価値が実は大きい。Ｓａｎｓａｎもそうしたフレームワークやノウハウをふんだんに活用し、独自のヘルススコアに加え、データ収集・統合から打ち手の実行まで首尾一貫して定義した一連のプログラムを非常に短期間に設計して運用を始めた。

データドリブンな仕組みを取り入れた現在のカスタマーサクセスについて富岡氏は言う。

「カスタマーサクセス部門にはお客さまからの要望がかなり届きます。１００社に会えば１００通りの要望が届きます。その要望を全て受けることがいいことかというと、必ずしもそうではない。本当の顧客価値とは、実はお客さまですら気づいていないことが多いのです。従って、**データを細かく見ていくことで本当にお客さまにとって価値のあることは何だろうと考えることがとても大事**です。それを問い続けることがカスタマーサクセスの本質だと僕は思っています」

②ゲインサイトの導入と同時に組織を見直した

Ｓａｎｓａｎのカスタマーサクセス部門のミッションは「お客さまの成功に向けてＳａｎｓａｎの価値を届けＬＴＶを最大化すること」だ。実はゲインサイトのフレームワークを参考にヘルススコアを検討した際、当時のカスタマーサクセス組織は歪みを抱えていることに気付いた。そこで組織ミッションに立ち戻って組織の在り方を大幅に見直した。図３－２は現在のカスタマーサクセス部門が大事にする五つの柱だ。

利用促進を担うＣＳＭに加え、トレーニング＆コミュニティ、プロダクト・フィードバック、テクノロジー＆マーケティング、そして契約に責任をもつリニューアルセールスだ。この五つの柱に基づき、ＣＳＭ、リニューアルセールス、カスタマーマーケティングが役割をもつ。それが図３－３の構図だ。

この構図のポイントは二つある。一つは、ＣＳＭ

図3-2 Sansan のカスタマーサクセス５つの柱

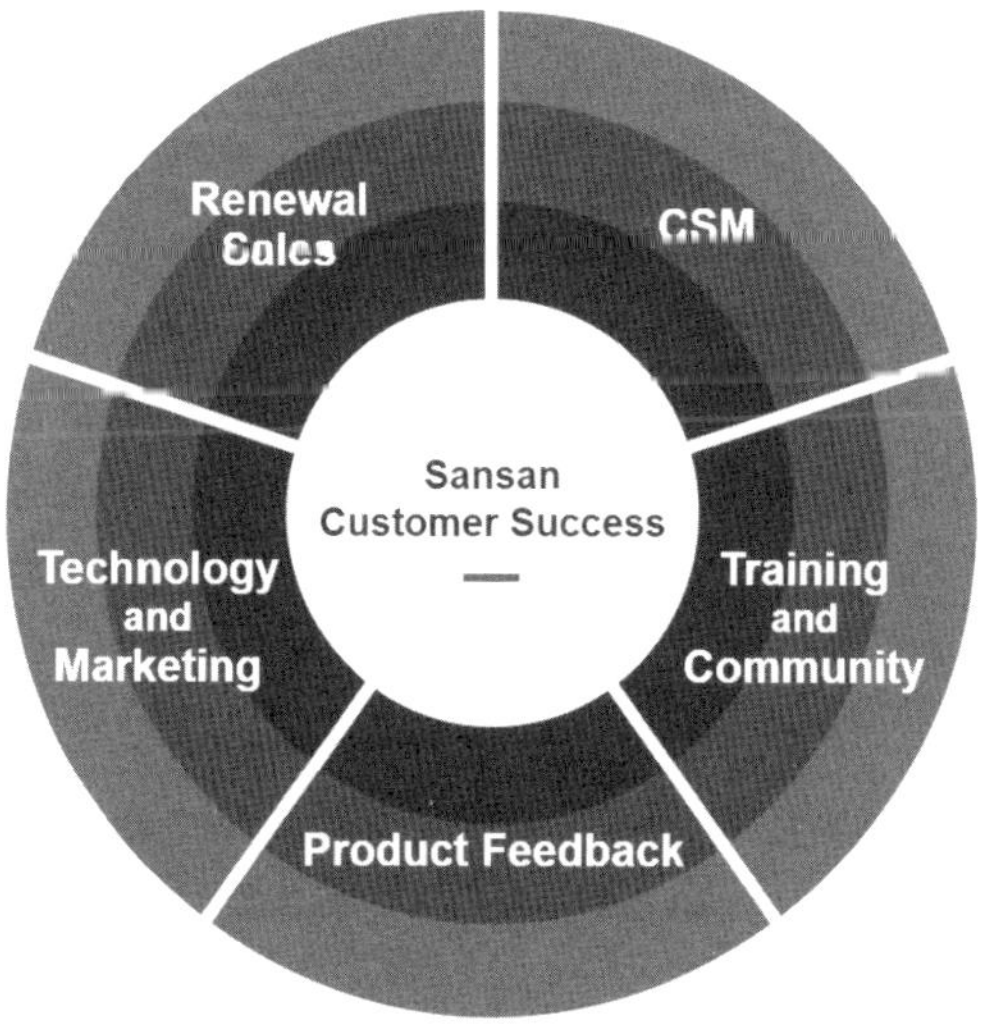

とリニューアルセールスがＮＲＲのアップを目指して対（つい）になりながら連携をする体制になった点。もう一つは、ＣＳＭとリニューアルセールスの活動を下支えするマーケティング基盤が構築された点だ。特に後者は、カスタマーサクセス原則その５「カスタマーの手と知恵を活かせ（そのための基盤を育め）」で述べた、組織のスケーラビリティに直結する非常に重要な基盤そのものだ。つまりＳａｎｓａｎは、原則その４を追求するには原則その５への対応も必須と判断したのだ。

　以前は拠り所とするデータがバラバラで目線が合っていなかった３者が、ゲインサイトを導入したことで同じデータを見て議論するようになった。具体的には、ＣＳＭは、ゲインサイト上のヘルススコアからカスタマーの状況を日々きめ細かく観察する。リニューアルセールスは、ＣＳＭと共にゲインサイト上の機会リストを見て提案を検討したり利用率リストを見て課題を議論したりする。カスタマーマーケティングは、ＣＳＭやリニューアルセールスが見るのと同じデータに

図3-3 Sansanのカスタマーサクセスストラクチャー

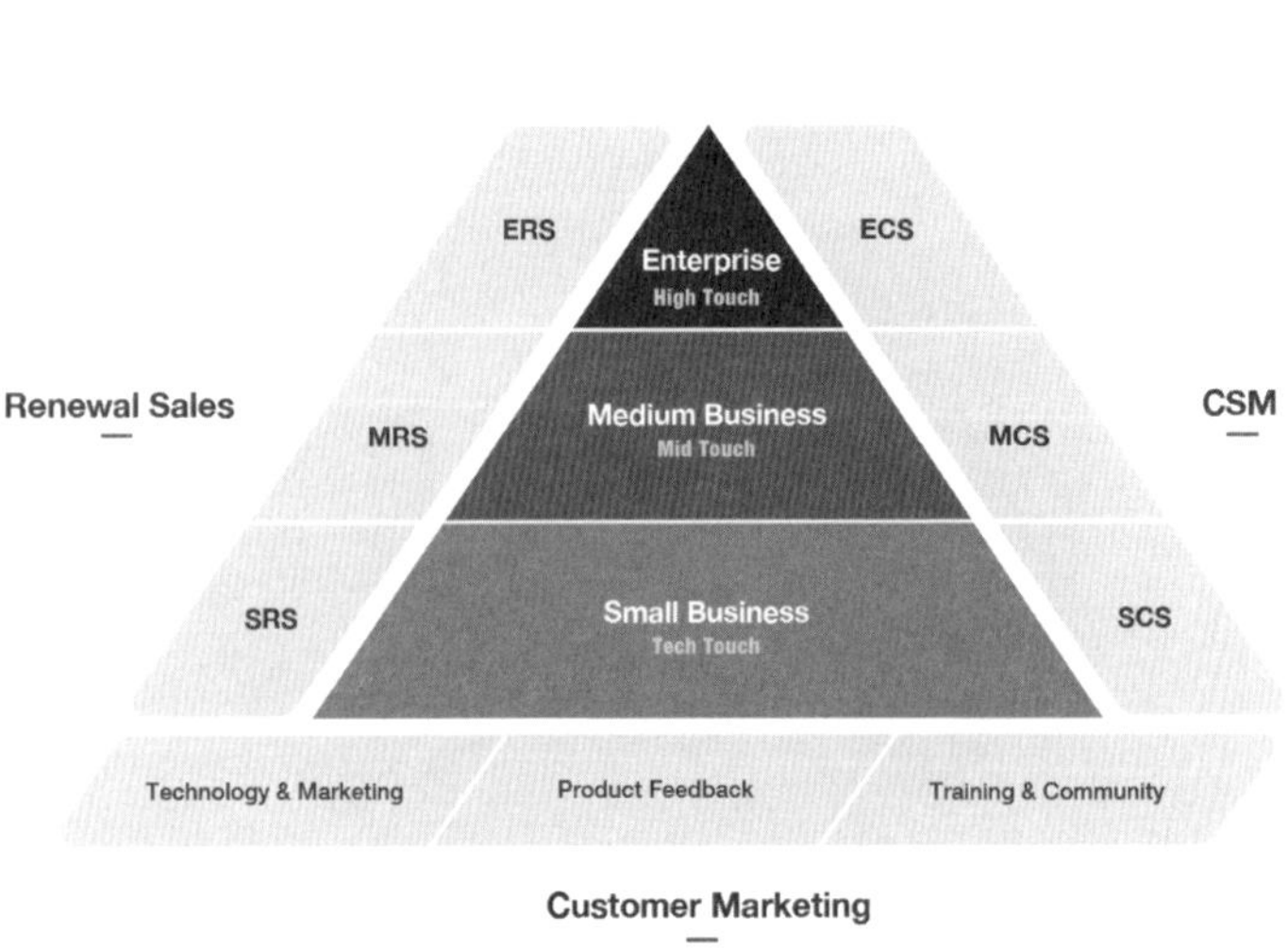

基づいて施策実行のアラームを何で定義すべきかをトライアル＆エラーしながら施策のＰＤＣＡを回す。このように、カスタマーの動きを３者が同じデータに基づいてきめ細かく確認しながら連携する体制へと大きく進化した。

③顧客価値を上げることができた結果、売上も上がった

データ活用へ投資したことの成果はすぐに現れた。富岡氏は言う。

「お客さまが増えた結果、以前はきめ細かくフォローしきれない面がありました。ゲインサイトを導入した今はお客さまの変化に素早く気付けるようになりました。お客さまに良いタイミングで最適な提案をすることで顧客価値を上げられるようになり、売上アップという成果がすぐに現れました」

カスタマー企業内でＩＤが追加されたり管理者が変更されたりするといった小さな、しかし重要な変化を以前はタイムリーにすべて把握することが難しかった。ゲインリイトを導入したことで、そうした変化は自動的に検出されて要対策リストが作られるようになった。結果、ＣＳＭやリニューアルセールスが絶好のタイミングで連絡できるようになり、それが提案機会や売上の増加という結果につながったのだ。

数字に表れない成果も大きい。カスタマーサクセス部部長で執行役員の小川泰正氏は言う。

「ゲインサイトを導入したことでSansanのカスタマーサクセスは大きく進化しました。目に見える成果が現れ、社内での位置づけが高まったことは大きいです。僕にとって最大の変化は、メンバーが共通のデータに基づいて自分で判断し自立して動けるようになったため、僕自身が現場を離れられるようになったことです。データのどこを見るべきかポイントが分かっているし、経営層へのレポートも容易になりました」

このようにSansanは、カスタマーサクセス原則その4「データの統合・分析に投資し組織全体でデータをフル活用せよ」を文字通り実行に移し、数か月もしないうちに成果を手にした。同時にスケーラブルな組織の下地も整えた。今後の更なる進化が楽しみだ。

なお、Sansanの共同創業者で取締役の富岡圭氏によるインタビュー動画*も併せてご覧いただきたい。

* https://youtu.be/Dj8PTgkGxk0

エピローグ

ウォルマートの決断

（後編）

CCO新設が秘める重要な意味

ウォルマートの業績が好調だ。2019年1月期の売上高は5144億ドル（約56兆円）。後半にかけて業績は大幅に上向き、特に第4四半期（2018年11月〜2019年1月）は米既存店の売上高が前年同期比4・2％増、そしてeコマース（EC）の売上高はなんと同43％増を達成した。

ウォルマートの社長兼CEOダグ・マクミロン氏は2019年1月期の決算発表で言った。

「リアル店舗とネット店舗が一体化しシームレスにつながることで買い物がより便利・簡単になることをカスタマーの皆さんは熱望しています。私たちは今それを十二分に理解しています」

これこそ、ウォルマートが新設したCCO職のミッションそのものだ。

2018年夏、ウォルマートはCCO職を新設してジェニー・ホワイトサイド氏を招へいした。彼女の責任は「リアル店舗とネット店舗（EC）とをつなげてカスタマージャーニー全体を最適化しシームレスな顧客体験を提供すること、それによる新規顧客の獲得とECの売上拡大」である。着任直後の業績はもちろん彼女一人の成果ではないが、ECの売上高が前年同期比43％増という絶好調な業績は、新しい取り組みを始める時のよい追い風になるだろう。今後の展開がとても楽しみだ。

本書の終章では、ウォルマートのCCO職新設が秘める重要な意味を三つ紹介したい。

①ノン-テック業界の歴史ある大企業にもカスタマーサクセスが浸透した

ウォルマートがいよいよ動いた。グーグルでもフェイスブックでもない、ましてテクノロジー会社でもない。従来のモノ売り切りモデルの代表格ともいえる小売り店舗業界で長年世界一に君臨してきた歴史ある大企業だ。

デジタル時代を生き抜くあらゆる企業にとってリテンションモデルへのシフトは不可避だ、と第1章で述べたが、ウォルマートも例外ではない。リテンションモデルではカスタマーとの関係性が根本的に変わる。ウォルマートも、「モノを届ける」から「成功を届ける」企業へシフトしなければならない。それには、約70万人の社員一人ひとりがカスタマーの成功について常に考え行動することが必須だ。そしてそれこそがカスタマーサクセスの本質である。

ウォルマートはそれに気づいてCCO職を新設した。CCO（チーフカスタマーオフィサー）は俗に「Cスイート」ないし「Cレベル」と呼ばれる、各社に一人のみの最高責任職（CEO、COO、CMOなど）の一つだ。CCOならば顧客起点の大胆な戦略を実行に移せる、と判断したのだろう。逆に、ＣＣＯでも大企業の組織の壁を打破して染みついたマインドセットを払拭できないならば、ウォルマートですら死を免れないという覚悟の表れだ。

②「上級経営職は内部昇格」が不文律の大企業がＣＣＯを外部から採用した

ウォルマートはＣＣＯ職に外部から人材を採用した。これが何を意味するかピンとくるだろうか。

ウォルマートの上級経営職に就くには内部昇格が基本だ。即ち、歴史あるウォルマートの企業文化や、社内のさまざまなお作法や、現場や働く人たちのことを熟知し、同社で実績を上げてそれを周囲に認められてから上級経営職に昇格せよ、が不文律なのだ。少なくとも現在のＣｘＯほか上級経営職の方々は、買収された会社の元ＣＥＯを除き、最高でも上級副社長として採用されてから内部昇格で現職に就いている。

そんな不文律を破り、外からＣＣＯとして舞い降りるジェニーさん。彼女の採用を決めたウォルマート経営陣の苦渋の想いや、迎える人たちの「ジェニーって誰？」という好奇心、そして警戒心を抱く人も存在するだろうことは容易に想像がつく。そうまでしてこの人事を決めた理由は明解だ。ウォルマートでＣＣＯを務められる人材が社員約70万人の中に一人もいなかった、ということだ。同時に、不文律を超えてでも最高の人材を迎え入れなければならない、という危機感の表れでもある。

③CCOは変革（チェンジマネジメント）のリーダー役を期待される

ＣＣＯジェニーさんの着任先は、実はウォルマートの本社があるアラスカ州ベントンビルではない。同社が２年前に買収したジェット・ドットコム（Jet.com）社の本社があるニュージャージー州ホーボーケンだ。アメリカン・エキスプレスでのキャリアの大半（２００２〜２０１８年）をニューヨークで過ごし、ウォルマート移籍時もニューヨーク居住だったジェニーさんにとって、その点は英断の助けになっただろう。

新任ＣｘＯの着任先が本社から物理的に離れている場合、一般的にはいろいろな理由があるが、ジェニーさんの場合はチェンジマネジメントが目的と思われる。歴史ある大企業が、長年培った文化と大きく異なる「変化（チェンジ）」を全社へ取り入れる時、本社や既存事業を担う多数派から物理的に切り離すことで変化が芽の段階で摘まれるのを回避するのはチェンジマネジメントの常套手段だ。たとえば、ＥＲＰ（統合基幹業務システム）が収益の大半だった事業を「カスタマーへ成功を売る」事業が過半を占めるまでに事業構造を大きく変革するのに成功したＳＡＰが、本社のあるドイツから海を隔てた米国シリコンバレーにイノベーションセンターを開設して変革の拠点にしたのは有名な話だ。

モノ売り切りモデルで勝ち続けてきた大企業にとってのカスタマーサクセスは、カスタマーセントリックな企業文化を根付かせるチェンジマネジメントから始まる、と第2章で述べた。ウォルマートはCCOをチェンジマネジメントのリーダーに据えてカスタマーサクセスに取り組み始めたのだ。CCOの拠点を敢えて本社に置かないという意思決定からはその本気度が伝わってくる。

以上3点がウォルマートのCCO新設に秘められた重要な意味だ。米国企業の事例だが、リテンションモデルにもカスタマーサクセスにも国境はない。日本企業にとって参考になる点がありそうだ。

最後に少しだけ話をジェニーさんに戻したい。

リンクトインの情報によると、彼女は1993年に大学を卒業し、新卒で入った会社を経て、1997年にアメリカン・エキスプレスへ入社した。以降、ウォルマートに抜擢される直前までの20年超、さまざまな経験を重ねている。おそらく40代後半。経験と体力が丁度バランスし、ビジネスパーソンとして脂ののった女性と思われる。ぜひウォルマートで功績をあげ、その次のキャリアを華々しく重ねてほしいと、同じ女性の一人として願うばかりだ。

付録

キャリアとしての
カスタマーサクセス

２０１８年春、あるランキングが米国のカスタマーサクセス界で静かに盛り上がった。それはリンクトインが毎年公表する「米国で最も有望な仕事（the most promising jobs）」ランキングで「カスタマーサクセスマネジャー」がなんと3位に選ばれたのだ。前年の19位から大躍進した点も話題を添えた。「静かに」なのは、米国のカスタマーサクセス界の人にとって「最も有望な仕事」であることは経験に基づく説明不要な事実のため、「ようやく世間に知れ渡ったか」という反応だからだ。

そうなのだ、米国ではカスタマーサクセスは花形キャリアとして一般社会に認知されている。

筆者はカスタマーサクセスを仕事にしたいと思う日本人が一人でも増えることを願っている。そこでそうした方を対象に付録を設け、キャリアとしてのカスタマーサクセスの魅力をお伝えしたい。

1. カスタマーサクセス人材とは？

「カスタマーサクセスに向く人の特性は？」――よく耳にする質問だ。皆それぞれ経験や信念に基づくこだわりがあって、回答を聞くのは面白い。カスタマーサクセスの仕事に適性がある人を「カスタマーサクセス人材」と言った時、その人材要件としての特性は何だろう？――以下が筆者の回答だ。

①共感性（Empathy）が強い

筆者の知る限り、米国のカスタマーサクセス界で活躍する人には「いい人」が多い。それは定義から、相手の成功に思いをはせられる、つまり「この人の成功は何だろう？私が役に立てることは何だろう？」を脳が瞬間的に思考し、自動的に手足が動く人でなければ活躍できない世界だからだ。

筆者が米国のカスタマーサクセス界に仲間入りさせてもらった時、経験や実績が豊富な人ほどとても優しく接してくれて感動したのを覚えている。質問やお願いをするとすぐさま丁寧に応じてくれるばかりか、頼まなくても勉強会やイベントに招待してくれ、専門家や仕事まで紹介してくれた。最初は「見返りを期待されているのだろうか？」と戸惑ったが、彼らのことをよく知る夫から「皆そうしたくてたまらない人種なんだ、君からの見返りは必要ない人たちだよ」と言われ、納得したものだ。

共感性が強い人とは、カスタマーが何に困っているのか、どうしたいのか、その先に何を実現したいのかといったカスタマーの「成功」の全容を、彼らが今抱える不安な感情や将来への熱い想いもセットで理解でき、対策を行動に移せる人だ。サポート部門に届く問題を熟知している人も多い。

加えて、カスタマーサクセスを「仕事だから」ではなく、心から重要と信じ、人の役に立つのが好き・頑張る人を助けたい・貢献したいという基本的な欲求に突き動かされて行動する。要は、情熱をもってカスタマーサクセスの仕事にうち込んでいる人だ。世の中には、情熱をもてなくてもこなせる仕事が山とある。しかし、カスタマーサクセスの仕事は情熱がもてなければ続かないし、成果もだせない。カスタマーが成功しなければ思い悩んでしまうくらいの人の方が向いている。

② 感情よりも論理（ロジック）やデータを優先して意思決定する

①とセットで大切なのが②だ。断言しよう。共感性が強すぎて情に流されやすかったり、人情や人間関係「のみ」で意思決定したりする人は明らかに適さない。

「凄くカスタマーサクセスな人だなあ」と筆者が思う人は例外なくデータの鬼だ。利用可能なデータが多いという環境与件は大きい。しかし大切なのは、目の前のカスタマー一人の今の問題を解くという短期の視点より、将来に同じ問題を抱えかねないより多くのカスタマーに思いをはせた長期の視点を瞬間的に優先する点だ。より多くのカスタマーへ成功を届けるには、論理とデータに基づき再現性と予測性を優先して意思決定をする、そこに強いこだわりをもって譲らない人が向いている。

米国では笑い話で、「奥さんや旦那さんとケンカした時に大声で言い返すタイプはカスタマーサクセスに向かない」と言われる。感情的な相手に感情で反論してしまう人は明らかに適さない。感情的な相手には忍耐をもって冷静に対応し、相手の感情を沈めるばかりか、論理とデータから巧みにストーリー展開することで逆に熱烈なファンにさせるくらいのことを平気でできる人が向いている。

③関係性（リレーションシップ）を重視し長期・全体へ目配りできる

第2章のカスタマーサクセス原則その1を理解された方には説明不要だろう。関係性を重視するとは、長期的な関係に基づく価値提供、つまりライフタイムバリューへの意識が強い人だ。

米国ではよく恋愛と結婚を比喩にして関係性を説明する。将来よりも今この瞬間を楽しく過ごす関係を重視する恋愛と、死ぬまで続くことを前提に互いの人生を良いものにしようとする関係を重視する結婚との違いだ。カスタマーとの関係性を重視するとは、明らかに後者の関係へコミットすることだ。将来への影響を考えず目をつぶって目先の利益を優先しがちな人にカスタマーサクセスは向かない。

加えて、カスタマーサクセスはより多くの人が関わる企業としての関係性なので全体視点が重要だ。自部門だけでなくマーケティング、営業、プロダクト、管理部門も含む自社全体の利害や状況へ配慮できなければならない。またカスタマーが企業の場合は、契約の決裁者やプロダクトの管理部門に加え、ユーザー部門も含むカスタマー全社を見渡せる必要がある。特にカスタマーの事業成長にプロダクトが深く関与する場合は、経営者の目線にたって成長戦略を理解し支援できなければならない。

④自分と違うタイプの人と知り合うのが好きで影響力を活かした協業が上手い

カスタマーサクセスの仕事はチームプレイだ。多様な課題を抱えるカスタマーへ成功を届けるには、さまざまなスキルや知識や経験が必須だが、それらすべてを兼ね備える人はいないからだ。つまり自分と全く違う畑出身の人とチームを組む必要性が日常的にある。個人プレイが好きな人や、苦手なタイプが多い・人見知りしやすい・孤独な作業が好きな人には向かない。

加えて、カスタマーサクセスの仕事は他のどんな仕事よりも影響力マネジメントが必要だ。影響力とは、職場の上下関係に基づいて部下を動かすことではない。あなたの権限の範囲を超えた先にいる他部門の部長やカスタマー企業内のキーパーソンなどを動かして手助けを得ることだ。「権限がない」を理由に行動できない人には向かない。例えて言うと、知り合いが一人もいないイベントなどでも積極的にネットワーキングし、自然と人の輪に囲まれて、相談や依頼をしあっている人が向いている。

⑤未知のことに挑戦し未踏のフロンティアを歩くのが好き

カスタマーサクセスの仕事はタフな人でないと務まらない。想像してほしい。あなたの元には自社やカスタマーからさまざまな要望が直接届く。あなたの共感性アンテナは研ぎ澄まされている。データを見ればあなたなら何をすべきか分かる。現実は、全員の要望には応えられず、自分一人では解決不能なことも多くて、他部門やカスタマーのキーパーソンを動かす挑戦の連続だ。事業環境と共にカスタマーも変化し続ける中で、彼らの「成功」を影で支えるあなたの役割は永遠に続く。しかし情熱を絶やしてはいけない。――そうなのだ、カスタマーサクセスの仕事は想像よりも地味でしんどい。

カスタマーは皆違う、あらゆる状況は一つとして同じではないと素で思える人、難しいほど挑戦したくなる人、「前例がない」と聞くと俄然やる気が腹の底から湧いてくる人、そんな人が向いている。

大前提として、自社のプロダクトを深く理解し愛していることが必須だ。頻繁な変更に関する最新知識を頭に入れ、カスタマーの質問には誠意ある回答をしつつプロダクトチームと連携できる必要がある。要は何事にも好奇心をもち、新しいことを日々勉強するのが大好きな人でなければ続かない。

2. カスタマーサクセス人材が活躍する仕事（キャリア）とは？

カスタマーサクセス人材が活躍する仕事（キャリア）とは、簡潔に言えば、**永続的な関係が前提のカスタマーへ成功を届けることを直接のミッションとする仕事**だ。

具体的に考えてみよう。最も狭義かつ世界共通なのは、カスタマーサクセスマネジャー（CSM）と呼ばれる仕事だ。加えて、それを束ねるカスタマーサクセス部門の責任者や副社長（VP）、さらに彼らを統括する取締役やCCOがその上長ないし経営層として存在する。

では、それ以外の仕事はカスタマーサクセスの仕事と言えないだろうか？——筆者の答えは「そんなことはない（CSMとその上長に限定されない）」だ。組織の形は各社で異なり、事業成長に応じて変化もする。また、カスタマーセントリックな企業文化が強い会社にはカスタマーサクセスという名の部門が存在しないことも多い。つまり表面的な名称や肩書に基づき限定的に定義すべきではない。

しかしそれだと漠然として困るかもしれない。カスタマーサクセス人材には大いに活躍してほしいので、活躍の場にふさわしい仕事・職場に必須の「環境要件」をチェックリストとしてお伝えしたい。

(1) 社長含む経営メンバー全員がカスタマーセントリックな企業文化※の代表者と言えるか？

※「カスタマーセントリックな企業文化」の定義（再掲）

・「私がカスタマーなら」を常に考える。何かを判断する時は「私がカスタマーなら賛成か？」を必ず問い、カスタマーの成功につながることが常に最優先で意思決定される

・カスタマー体験の良し悪しと彼らが手にした成功を数字で測定している。それが企業の経営目標とリンクしていて、各組織はその経営目標の一翼を担うことで組織が一枚岩になっている

・カスタマーの声を収集しプロダクトや業務に反映するフィードバックループの仕組みがある。結果として企業のあらゆる活動が首尾一貫して素晴らしいカスタマー体験に直結している

(2) 社長と直属の上司は、カスタマーサクセス原則その1～5の重要性と必要性を理解しているか？

(3) 新しい取り組みや挑戦を奨励する雰囲気があり、必要な投資や予算も得られる環境にあるか？

補足しよう。(1)がＮｏの場合、優秀なカスタマーサクセス人材ほど情熱と現実の乖離への違和感が大きくなり、やがて活躍の場を他に求めることになる。(2)がＮｏの場合、若手のカスタマーサクセス人材ほど毎日の仕事が苦痛になり、やがて情熱の火が消える。(3)がＮｏの場合、事業成長が数年内に軌道にのることを見通せないなら、カスタマーサクセスの予算は最初にカットされる覚悟が必要だ。

カスタマーサクセスの仕事はまだ新しい。活躍の場を職務名や部門名や肩書で判断すると、大切なキャリア人生の可能性を見誤るリスクが高い。最も大切なのは、上述の環境要件すべてが満たされることだ。その上で「カスタマーへ成功を届けることを直接のミッションとする仕事」であり、かつあなたが情熱を注げると思う機会ならば、どのような職場・職務・職位だろうと、その経験はあなたのキャリア人生を確実に豊かにしてくれるだろう。

3. キャリアとしてのカスタマーサクセスの魅力

いよいよ核心に入ろう。カスタマーサクセスの仕事に適性があり、活躍の場として申し分ないカスタマーサクセスの仕事（キャリア）を実践するあなたには、素晴らしいキャリア人生が待っている。

①引く手あまた！

冒頭で紹介した通り、リンクトインの2018年「米国で最も有望な仕事」ランキングでCSMは3位に選ばれた。カスタマーサクセスの仕事として最も狭義のCSMが最も有望な仕事ランキングの上位にランクインしたという事実は、各社の現場で活躍中のカスタマーサクセス人材が引く手あまたなのを何より物語っている。なお、同「米国で最も成長している仕事（the fastest growing jobs）」ランキングでもCSMは3位に選ばれている。

これらは米国のカスタマーサクセス界における2018年のトレンドだが、日本にも数年遅れで同じトレンドが必ずくるだろう。そして長いこと続くだろう。なぜなら、第1章で詳しく解説した通り、このトレンドは世の中のデジタル化が引き金となってあらゆる業界に押し寄せる大波が発端だからだ。

②カッコいい!

カスタマーサクセスはCEOへ続くキャリアだと言われる。
プロローグで紹介した、老舗の米ベンチャーキャピタルであるベッセマー・ベンチャー・パートナーズで現在パートナー、それ以前には起業して事業経営の経験もあるバイロン・ディーター氏は言う。

「ここ最近特に強く感じるのは、カスタマーサクセスのリーダーがもの凄く早いスピードでキャリアアップする傾向です。経営センスがあって、経営スキルも定量分析スキルも兼ね備え、それらを局面に応じて使いこなすのは非常に難しいことです。さらに経営メンバーとしてカスタマーサクセスの責任職を経験すれば、人間性やマインドも大いに鍛えられます。カスタマーサクセスは間違いなくCEOへ続くキャリアです」

たとえば、米百貨店を展開するコールズ(Kohl's)に2013年にCCOとしてヘッドハントされたミッシェル・ガス氏は、CCOとしての功績を認められて2018年に同社のCEOに抜擢された。P&Gのマーケターからキャリアを開始し、アンテイラー(Ann Taylor)やLOFTを手掛けるアン・インク、スターバックス、健康保険サービスなどを提供するシグナと、一貫してカスタマーセントリックな企業文化の強い会社でキャリアを重ねてからCEO職に就くというキャリア歴の良い事例だ。

また、カスタマーサクセスは米国で概念が認知された当初はCEOの仕事だとも言われた。

米国のマインドタッチ（MindTouch）社が2018年に公表したカスタマーサクセス番付「最も影響力のあるトップ25」に選ばれた25名のうち、前職・現職でCEOを経験している人は過半数の13名だ。そのうちの一人に、日本でもお馴染みのファイル共有サービスを提供するボックス（Box）創業者兼CEOのアーロン・レヴィ氏がいる。同氏は「ボックスを創業した当初のカスタマーサクセス責任者は私でした」と公言し、カスタマーサクセスの重要性と必要性をさまざまな場で唱えている。要は、カスタマーサクセスはデジタル時代の先端を切り拓く企業のCEOトピックスなのだ。

さらに敢えてつけ加えたい。カスタマーサクセスは女性に向いた仕事だと言われる。

先述のカスタマーサクセス番付「最も影響力のあるトップ25」名のうち女性は28％、同番付「トップストラテジスト100」名のうち女性はなんと48％を占める。彼女たちは10年単位でカスタマーサクセスのキャリア経験と実績をもち、さまざまな場で登壇したり執筆したり、中にはTEDに登壇したりなど積極的に発信と貢献を重ね、業界著名人としての個人ブランドを確立している人が多い。

女性に向く理由としては、カスタマーサクセスの仕事ならではの要因が三つほどありそうだ。一つは、米国でも女性比率の低さが問題視されているＳＴＥＭ（Science, Technology, Engineering, Mathematics：科学、技術、工学、数学）と称される分野の学歴が必ずしも必須ではないこと。もう一つは、多様性を活かしたチームワークや多様性のマネジメントが非常に重要であること。最後の一つは、新しい分野なので偏見や固定観念にとらわれず純粋に能力と経験と意欲に基づいて抜擢されやすいことだ。3点とも米国に固有の要因ではない。女性の活躍が社会的に期待されている日本でこそ、数多くの女性にどんどん活躍してほしい。

③豊かな人生を送る！

活躍中のカスタマーサクセス人材ならこの点に違和感はないだろう。カスタマーサクセスを基軸にキャリアを重ねることは、「ヒューマンセントリックな働き方」を貫くキャリア人生に直結する。

「ヒューマンセントリック」とは、デジタル技術や情報通信技術が人間の能力向上スピードをはるかに超えて急速に進化する現在、人間が技術に合わせたり技術に使われたりするのではなく、人間がより人間らしくあるために技術を活用すべきだ、という考え方を総称する言葉だ。米国では最近、ＡＩに仕事を奪われるなどの論点とセットでよく強調されるキーワードである。

では「ヒューマンセントリックな働き方」とは何だろう。技術を活かした便利なサービスが職場に浸透すると、働き方の柔軟性や生産性が大幅に改善される一方で、24時間どこでも仕事ができてしまいメールを四六時中チェックする習慣がついてしまうことがある。その結果、労働時間が逆に長くなり、目や脳や身体が疲弊するなどの副作用に悩むことがある。そんな現実に対して「ヒューマンセントリックな働き方」と言う時は、柔軟性・生産性が改善された分の時間は家族と過ごすなど、過重なストレスから解放された**自分らしい時間を増やすことで豊かな人生を過ごす**べきだ、そのために技術を活用するのだ、という想いやニュアンスが込められている。

では「カスタマーサクセス基軸のキャリア選択はヒューマンセントリックな働き方に直結する」とはどういう意味だろう。簡単に言えば、**カスタマーサクセスという仕事は、適性の高い人にとって、自分らしさ（特性と情熱）を中心に据えて120％それを活かすことで活躍できる仕事**だということだ。加えて特性上、さまざまな人と連携しながら影響力を使いこなす能力が高いため、自分の時間を上手くコントロールして心身の休息や活力をえている人が多い。また長期視点が強いことから目先の小さな問題に過大反応せず、未知の難題ほど楽しめる精神的な強さ・柔軟さもあるため、ストレスの強い環境にいても回復力が高い人が多い。

自分らしさを活かせる仕事に出会えれば、さらに嬉しいことも待っている。

- 心から大切にする自分の人生観や、貢献したいという素直な欲求に従って仕事ができる
- 職場の上下関係や利害関係を超えて、相手と互いに人生観を知る人間同士として仕事ができる
- 収益基盤として顧客基盤が存在するため、基盤ゼロから収益を積み上げることの疲弊や焼き畑商法（収益化し尽くした畑は翌年以降の収穫が困難）に陥るリスクから解放される
- 役割や機会の多様性が高いため、産休や異動に伴うキャリアの断絶やマンネリへの不安がない
- デジタル技術を活かした社会全体の「働き方バージョンアップ」に貢献できる

以上が、筆者の考えるキャリアとしてのカスタマーサクセスの魅力だ。

カスタマーを中心に据えて事業を推進することは今後ますます世界中で主流になる。そうでない会社は自然と淘汰されるからだ。日本ではこれから業界再編が随所でおきるだろう。そういう時代に重要なのは、どの会社で何年働いたかよりも、**カスタマーサクセスを**

基軸にしたキャリアをどう重ねてきたかだ。加えて、日本企業全体のカスタマーサクセス経験値が急増する中で、**人に先んじて早くから経験を積む**ことだ。そうすれば、将来どのような会社が勝者になろうとも、豊富なスキルと経験をもつあなたを求める職場は無数に広がり、どのような役割を与えられようともあなたは必ず活躍する。

「やり甲斐がありそうだ」、「自分は活躍できそうだ」と少しでも思うなら迷わず挑戦してほしい。まずは情報収集してみる、勉強会やイベントに参加してみるなど、いますぐできることから始め、徐々に関心と行動の領域を広げればよい。

最後に、マルケトCEOのスティーブ・ルーカス氏の言葉を紹介したい。

「私が20年以上のキャリアで学んだのは『be relevant（有用で欠かせない存在になる）』です。あなたのカスタマーは、頼りになるあなたという存在を本当に必要としています。そういうカスタマーへの愛と情熱、そして頼りにされる存在という自分の仕事への情熱、それがキャリアで成功するのに必要なすべてだと思います」

付録を最後まで読んでくださった皆さんに心から感謝を申し上げたい。皆さんのキャリア人生が豊かなものになることを願っている。

謝辞

本書は構想から出版までに2年の歳月を要した。その間に筆者が恵まれた数多くの人たちとの出会い、そして彼らからの応援と支援がなければ、本書が日の目を見ることはなかっただろう。

英治出版編集長の高野達成氏は書籍化に導いてくれた恩人だ。2年前に筆者がカスタマーサクセスの執筆企画書を携えて訪問した出版社はどこも門前払いだった。しかし高野氏だけは、面識も紹介もない筆者の企画書を真摯に受け止めて「本にしましょう」と言ってくれた。そしてその後も原稿が完成するまで長いこと支援し続けてくれた。

リクルートマーケティングパートナーズの徳重浩介氏、メルカリの田面木宏尚氏、Ｓａｎｓａｎの富岡圭氏、小川泰正氏は、多忙を極める中で本書の取材のために快く時間を割いてくださった。彼らが自社のカスタマーサクセスについて、課題も施策も成果もすべて、個人の強い想いを交えながら誠実かつ惜しげなくお話しくださらなければ、本書の第3章は浅い内容に留まり成立しなかっただろう。また各社の秘書部門、広報部門の皆さんは、日程調整や編集作業に献身的に協力してくださった。彼・彼女らのプロフェッショナルとしての丁寧な仕事ぶりからは筆者も大いに学びと励ましをえた。

エディットブレイン社代表で『才能に頼らない文章術』（ディスカヴァー・トゥエンティワン、2018年）著者の上野郁江氏は、数か月にわたる本書の執筆活動を伴走してくれた。彼女の「書く」プロとしての指摘に加え、カスタマーサクセスには馴染みの薄い日本企業の経営者代表としての指摘がなければ、本書はカスタマーサクセスのことを初めて知る方にとって難解な書になっていただろう。

大学後輩で今はよき人生の相談相手である岡田奈津子氏、そしてABEJA社のカスタマーサクセス責任者である丸田絃心氏は、時おり原稿に目に通し貴重な指摘や意見をくれた。日本を代表するカスタマーサクセスリーダーとしてさまざまな場で登壇する立場にある二人の指摘は、いつも筆者に気付きを与えてくれた。彼らのお陰で、第2章や付録の内容に日本のカスタマーサクセス実務者のリアルな視点をより濃くとり入れることができたと思う。

最後に最愛の夫、オミッド・ラザヴィへの感謝の気持ちを記したい。彼と出会ったことで筆者の今がある。彼が導いてくれたことで、筆者は欧米のカスタマーサクセス界へスムーズに仲間入りできた。カスタマーサクセスの戦略家である彼が、その豊富な経験と知識に基づき討議相手になってくれたり有益な視点や情報を与えてくれたりしたことで本書は完成した。夫の献身的な支援と温かい愛に心から感謝の気持ちで一杯だ。

今日までの2年間、ここに記しきれない数多くの人たちとの出会いと応援と支援があった。筆者にとってカスタマーサクセスは、そうした新しい出会いをもたらす人生のドアを開けてくれた存在だ。皆さんの人生が豊かになることを祈りながら、そうした出会いを得られたことに感謝する。

弘子ラザヴィ

2019年4月

●著者

弘子ラザヴィ　Hiroko Razavi

経営コンサルタント。サクセスラボ株式会社代表取締役。一橋大学経営大学院修士課程修了。大学3年次に日本公認会計士二次試験合格。公認会計士として数多くの企業実務に触れたのち、経営コンサルタントに転じる。ボストンコンサルティンググループでは全社変革・企業再生プロジェクトを、シグマクシスではデジタル戦略プロジェクトを多数リード。2017年、スタンフォード経営大学院の起業家養成プログラムIgniteに参加するためシリコンバレーに在住した時にカスタマーサクセスに出会う。帰国後、サクセスラボ株式会社を設立。シリコンバレーで築いたネットワークを活かし、カスタマーサクセスに本気で取り組む日本企業を支援している。また日本で活躍するビジネスパーソンに向けた情報サイト「Success Japan（https://success-lab.jp/successjp)」の運営などを通じ、カスタマーサクセス市場の活性に努めている。

●参考情報

カスタマーサクセスに関する情報をインターネットで公開しています。カスタマーサクセスリーダーのインタビュー動画はYouTubeでご覧になれます。

弊社サイト：https://success-lab.jp/
facebook　：https://www.facebook.com/csjp.jp/
YouTube　：https://www.youtube.com/c/SuccessJapan

本書に関するご意見・感想のほか、講演・取材のお申込みは問合せフォームからお寄せください。

弊社サイト：https://success-lab.jp/contact/

● 英治出版からのお知らせ

本書に関するご意見・ご感想を E-mail（editor@eijipress.co.jp）で受け付けています。また、英治出版ではメールマガジン、Web メディア、SNS で新刊情報や書籍に関する記事、イベント情報などを配信しております。ぜひ一度、アクセスしてみてください。

メールマガジン：会員登録はホームページにて
Web メディア「英治出版オンライン」：eijionline.com
ツイッター：@eijipress
フェイスブック：www.facebook.com/eijipress

カスタマーサクセスとは何か
日本企業にこそ必要な「これからの顧客との付き合い方」

発行日	2019 年 7 月 8 日　第 1 版　第 1 刷
	2021 年 12 月 1 日　第 1 版　第 5 刷
著者	弘子ラザヴィ（ひろこ・らざゔぃ）
発行人	原田英治
発行	英治出版株式会社
	〒150-0022 東京都渋谷区恵比寿南 1-9-12 ピトレスクビル 4F
	電話　03-5773-0193　　ＦＡＸ　03-5773-0194
	http://www.eijipress.co.jp/
プロデューサー	高野達成
スタッフ	藤竹賢一郎　山下智也　鈴木美穂　下田理　田中三枝
	安村侑希子　平野貴裕　上村悠也　桑江リリー　石﨑優木
	渡邉吏佐子　中西さおり　関紀子　片山実咲　下村美来
印刷・製本	大日本印刷株式会社
校正	株式会社ヴェリタ
装丁	英治出版デザイン室

Copyright © 2019 Hiroko Razavi
ISBN978-4-86276-268-9　C0034　Printed in Japan

本書の無断複写（コピー）は、著作権法上の例外を除き、著作権侵害となります。
乱丁・落丁本は着払いにてお送りください。お取り替えいたします。